Diretor editorial
Marcelo Duarte

Diretora comercial
Patth Pachas

Diretora de projetos especiais
Tatiana Fulas

Coordenadora editorial
Vanessa Sayuri Sawada

Assistente editorial
Olívia Tavares

Projeto gráfico, diagramação e capa
Daniel Argento

Redação
Ubiratan Leal

Fotos
Acervo Desimpedidos
Alexandre Battibugli

Ilustrações
Bernardo França (pp. 68-9)
Caco Bressane (pp. 16-9, 34-5)
Camila Matos (pp. 74-9)
Daniel Argento (pp. 20-3, 30-3, 36-43, 50-3, 56-9, 62-5, 94-9)
Galvão Bertazzi (pp. 46-8, 80-1, 100-3)
Ilustrata (pp. 60-1)
Kin Noise (pp. 92-3)
Mano Lee (pp. 24-7, 54-5, 84-7)
Rafael Sarmento (pp. 44-5, 90-1)
Sabrina Oliveira (pp. 28-9)
Silvio Pequeno (pp. 12-5, 66-7)
Visca (pp. 70-3)

Impressão
EGB

CIP – BRASIL. CATALOGAÇÃO NA FONTE
SINDICATO NACIONAL DOS EDITORES DE LIVROS, RJ

Almanaque Desimpedidos / organização: Ubiratan Leal. – 1. ed.
– São Paulo: Panda Books, 2018. 104 pp. il.

ISBN: 978-85-7888-696-7

1. Futebol – Humor, sátira etc. 2. YouTube (recurso eletrônico).
3. Vídeos para internet. I. Leal, Ubiratan.
Bibliotecária: Meri Gleice Rodrigues de Souza – CRB-7/6439

18-48251 CDD: 869.7
CDU: 821.134.3(81)-7

2018

Um selo da Editora Original Ltda.
Rua Henrique Schaumann, 286, cj. 41
05413-010 – São Paulo – SP
Tel./Fax: (11) 3088-8444
edoriginal@pandabooks.com.br
www.pandabooks.com.br
Visite nosso Facebook, Instagram e Twitter.

Almanaque desimpedidos

PANDA BOOKS

PREFÁCIO

Quem pensa no meu perfil como jogador e pessoa talvez imagine que ele não combine com a pegada do Desimpedidos. Ledo engano! Quando o André Barros me chamou para apresentar o projeto de um canal de YouTube que trataria de futebol de uma forma leve, solta, bem-humorada, diferente do que estávamos acostumados a ver na televisão, aceitei na hora. Ele foi a Madri me mostrar o que estava pensando. O canal estava bem-estruturado, eu já conhecia o André Barros do meio do futebol, o Rafael Grostein como especialista em mídias digitais, via no Antonio Tabet um parceiro com experiência de YouTube pelo Porta dos Fundos e havia um bom grupo de investidores por trás. Era um projeto que tinha tudo para dar certo.

Se fosse um clube de futebol, dava para dizer que o Desimpedidos tem ótimos olheiros, seja para revelar talentos – membros que eram da equipe foram brilhar na frente das câmeras, como o Bolívia, o Mil Grau e o Chico, e jovens desconhecidos se tornaram estrelas, como o Fred – ou buscar profissionais já consagrados no mercado, como Felipe Andreoli e Elcio Coronato. Pois é, aquela sopa estava dando um bom caldo.

Lembro bem do dia em que dividi meu incômodo ao ver os gols do Campeonato Brasileiro, sempre do mesmo jeito chato. Desse comentário surgiu o Gols da Zueira, o primeiro quadro de sucesso do Desimpedidos, que ajudou a popularizar o canal entre o público mais jovem. Essa espontaneidade na linguagem ajudou o canal a se aproximar também dos jogadores, e aí vem uma diferença fundamental: o Desimpedidos não ri da cara do jogador, ri junto com o jogador. É o que vemos toda semana no Bolívia Talk Show, nos Desafios do Fred ou nos encontros do Toppen Viagem.

Por tudo isso e mais um pouco, o Desimpedidos tem tudo a ver comigo e com toda pessoa que ama futebol, principalmente aqui no Brasil, com esse nosso jeito irreverente de ver o mundo. Que esse conteúdo divertido dure e inspire por muitos anos, porque a zueira jamais pode acabar.

KAKÁ

adidas

adidas

VOLCOM
ANTI HERO

INTRODUÇÃO

— Creke, o que passava pela sua cabeça quando a gente te perguntava alguma coisa e você não entendia nada?

— Até agora eu não entendo nada. Vou falando o que passa na minha cabeça. Se eu olhar, eu vou falar. Olha aí: Jones, bicha grossa, Vizi, seu gordo, Livro...

— Livro!!! Hahahahahahaha. Livro, o nome dele é Livro?

— Deve ser. O Serginho chegou e falou bem assim: "Esse aqui é o Livro".

Foi assim, durante um diálogo do Henrique com o Givaldo – ou melhor, do Chico com o Creke – que meu nome virou Livro. Estou contando essa história – quase irrelevante e que foi ao ar em um episódio do Olha a Picada – porque ela diz muito sobre o Desimpedidos e por que ele conquistou tantos seguidores fieis.

A maior parte desses fãs conhece o canal pelos vídeos, o que já cria um filtro natural da edição, que separa o que realmente acontece do que chega ao público. Mas, no caso do Desimpedidos, esse filtro não segura quase nada. O que se vê é autêntico e aberto: da forma como um cria apelido para o outro até a maneira de trazer para a frente das câmeras o pessoal da equipe técnica, passando pelo jeito de falar e pelo modo de lidar com o futebol.

Isso só dá para afirmar depois que se conversa e convive com todo o pessoal. Foi a oportunidade que tive quando me convidaram para escrever este livro. Estive várias vezes no canal, conversei com quase todo mundo, em alguns casos mais de uma vez, e fui aceito como se fosse um deles. Nisso, saem histórias que muitas vezes não vão ao público, mas que ajudam a entender o que aparece em cada vídeo.

O respeito que sempre demonstram ao Bolívia não é sem motivo. Por trás da máscara, o Murilo é fundamental para o canal manter a sua alma, criando novas zueiras sem se afundar em um tipo de humor sem graça ou de baixo nível. Isso vale até para este livro que você tem em mãos, ele todo foi supervisionado pelo boliviano mascarado.

O sucesso do Fred é outro bom exemplo. Talvez o vídeo do encontro dele com o Cristiano Ronaldo seja o exemplo máximo disso. Desde a chegada da notícia do encontro até a entrevista em si, vê-se um Fred autêntico, que acaba fazendo com que o craque português também se desarme e haja de forma espontânea.

Apesar de Fred ser um nome artístico, o Bruno Carneiro sempre diz que não há muita diferença entre um e outro. As histórias se confundem. Uma situação que também é evidente no Henrique Pedrotti, o Chicungunha.

O Chico foi o primeiro integrante da equipe que eu entrevistei para este livro. E já de cara deu para ver como há muita coisa por trás do que o público (e, até começar aquela conversa, eu também era apenas um a mais no público do Desimpedidos) vê. É fácil estereotipá-lo como o "gordinho alegre que imita os outros". Mas ele também é um ator que se orgulha disso, que estuda seu papel de apresentador de canal de futebol como se tivesse de aprender a andar a cavalo porque ganhou o papel de caubói em um filme.

A Alê e o Tony não tiveram tantos problemas com conhecimento futebolístico. Ela cresceu jogando, a ponto de participar de competições pelo time feminino de futsal do XV de Piracicaba. Ele sempre foi torcedor do Santa Cruz, de ir ao estádio para apoiar o time, mesmo quando o que se via em campo não era tão animador assim.

Cada um tem uma história. O Paulinho, que abandonou seu emprego em uma grande produtora porque apostava na proposta de um canal de futebol, mesmo que tivesse de ganhar menos; o Thiago Souza, que quer ser conhecido pelo seu nome por causa de um conselho da avó; o Bolivesgo, que aprendeu a criar memes por falta de opções de lazer em sua cidade natal, Fartura, com 15 mil habitantes; o Mil Grau, que foi descoberto em um canal de humor do Corinthians e teve papel fundamental para desenvolver a cara do Desimpedidos; e o Kibeloco, que criou o nome do canal, impedindo que o projeto seguisse com seu nome original, Sport Media House (sim, é sério).

Mas toda essa turma só formou um grupo de sucesso porque havia uma estrutura por trás. Rafael Grostein e André Barros souberam entender toda a maluquice que o pessoal de conteúdo propunha e deram condições para isso ir ao ar e, principalmente, se manter por cinco anos (e contando). Não é fácil, pois não há muitos veículos semelhantes para tomar como referência. Muita parceria e muita estratégia de divulgação teve de ser criada do zero.

No fim das contas, este livro é mais um desses novos projetos. Uma parceria com a Panda Books que tenta levar para o impresso o universo de um canal do YouTube. Afinal, este não é um livro sobre o Desimpedidos, mas um livro do Desimpedidos. A cada capítulo, vocês poderão ver um pouco da história do canal e de seus personagens, as melhores histórias que ocorreram na frente e atrás das câmeras.

A ideia é que a sensação de ler estas páginas seja a mesma de ver os vídeos. Ao menos a autenticidade na hora de fazer foi a mesma.

UBIRATAN LEAL

LINHA DO TEMPO DESIMPEDIDOS

2013

MARÇO
- Início da formação da equipe. Os primeiros apresentadores são Kibeloco e Elcio Coronato

JUNHO
- É postado o primeiro vídeo: Cobertura da Copa das Confederações

AGOSTO
- Estreia do Gols da Zueira

NOVEMBRO
- 100 mil inscritos no YouTube
- Estreia do Desinformados
- Primeira viagem para uma cobertura nacional. Elcio Coronato e Mil Grau vão para Criciúma

DEZEMBRO
- É criada a produtora NWB

2014

JANEIRO
- Felipe Andreoli entra como sócio e apresentador, trazendo o Murilo (futuro Bolívia) como diretor de conteúdo
- Ygor Benini, o Bolivesgo, começa a produzir memes para o canal

FEVEREIRO
- Estreia do Desandreoli
- Elcio Coronato deixa o canal

MARÇO
- Bolívia aparece pela primeira vez no vídeo

MAIO
- Lançamento da campanha "Vem Ibra"

JUNHO
- Cobertura da Copa do Mundo

JULHO
- Estreia do Bolívia Talk Show

AGOSTO
- Bolívia e Mil Grau entram em campo com Paulo Baier

DEZEMBRO
- Felipe Andreoli é contratado pela Globo e deixa o Desimpedidos

2015

JANEIRO
- É lançado o projeto para buscar o substituto do Andreoli entre o público do canal

FEVEREIRO
- Estreia da Live
- Bruno Carneiro é anunciado como novo apresentador do canal. Ele recebe o apelido de Fred pela semelhança com o atacante

MARÇO
- Primeira viagem internacional do canal. Bolívia e Mil Grau vão para França e Inglaterra seguindo a Seleção Brasileira em amistosos contra França e Chile
- 500 mil inscritos no YouTube
- Estreia do Fred+10

JUNHO
- Vídeo da batalha de rap Messi X Cristiano Ronaldo, recorde de visualizações do canal (mais de 13 milhões)

JULHO
- Mil Grau deixa o Desimpedidos para se dedicar ao seu próprio canal

SETEMBRO
- 1 milhão de inscritos no YouTube

2016

JANEIRO
- Estreia do Desafio do Fred

FEVEREIRO
- Henrique Pedrotti é contratado como estagiário de conteúdo

JUNHO
- 2 milhões de inscritos no YouTube

JULHO
- Cobertura dos Jogos Olímpicos

AGOSTO
- Estreia do programa do Desimpedidos na Fox Sports

OUTUBRO
- 3 milhões de inscritos no YouTube

2017

MARÇO
- Lançamento da campanha Muleke da Base para buscar um novo apresentador para o canal
- Estreia do programa Olha a Picada

MAIO
- Tony Pezão é anunciado como vencedor do Muleke da Base
- Alê Xavier é contratada como apresentadora do canal

JULHO
- 4 milhões de inscritos no YouTube

OUTUBRO
- É realizada a Supercopa Desimpedidos, reunindo alguns dos principais youtubers do Brasil

2018

JANEIRO
- Canal chega a 1 bilhão de visualizações
- Estreia do programa Desimpenews, com o apresentador Didicão, um cachorro de animação

FEVEREIRO
- 5 milhões de inscritos no YouTube

AMIGOS DO FRED

Geral sabe que o **Fred** ~~nunca passou numa peneira~~ sonhava em ser jogador de futebol e fez testes em alguns clubes. Não conseguiu realizar o sonho de ser profissional, mas pelo menos ficou com a melhor parte: ser parça dos boleiros, participar de algumas comemorações ~~com direito a dedo no toba~~ **VIP's** e pegar aquele rebote maroto, **né mlk**? Porque, na moral, gol de rebote também pode ser **golaço**. E para matar a vontade de jogar ao lado dos caras, ainda descolou vaga nas tradicionais peladas beneficentes de final de ano com jogadores, ex-jogadores e artistas.

O **Fred** jogou com o **Romário**, sambou com o bruxo **Ronaldinho**, fez golaço de cobertura no Maracanã... Mas a jogada que ficou marcada pra sempre na memória foi a entortada que ele levou do menino **Ney** no Pacaembu. Nem adiantou ajoelhar e pedir pelo amor de papai do céu. **Vai, Thammy!**

GUIA DESIMPEDIDOS

DE COMO SE COMPORTAR NUMA PELADA COM PROFISSIONAIS

Nº 1 NÃO TENTE APARECER MAIS DO QUE OS OUTROS.

VOCÊ É UM "NUNCA NEM VI" NAQUELE CAMPO E, SE FICAR DE PALHAÇADA, NUNCA VÃO TE TOCAR A BOLA.

2 A PANÇA DE CHURRASCO DOS EX-ATLETAS E A CHINELAGEM NA HORA DE MARCAR ENGANAM: ELES LEVAM O JOGO A SÉRIO E QUEREM GANHAR.

JOGUE PELO TIME!

3 ESQUEÇA TABELINHA NO MEIO DE CAMPO NO COMEÇO DO JOGO.

NÃO VAI ROLAR.

O JOGADOR NÃO VAI PASSAR A BOLA ATÉ CONFIAR QUE VOCÊ TEM MAIS DOMÍNIO DE BOLA QUE O ROMERO.

4 NÃO SE PREOCUPE EM DAR A VIDA NA MARCAÇÃO. ATÉ PORQUE NINGUÉM ESTARÁ FAZENDO ISSO. VOCÊ VAI ATRAPALHAR O JOGO E CANSAR À TOA.

SÓ CERCA QUE JÁ TÁ BOM.

5

JAMAIS PENSE "AGORA EU VOU SE CONSAGRAR!"

COMO DIRIA **MILTON MILK**, SE A BOLA CAIR NO SEU PÉ, PASSE LOGO PARA O ESPECIALISTA MAIS PRÓXIMO.

6

QUANDO SEU TIME ATACAR, CORRA PARA PERTO DO GOL E REZE PARA A BOLA SOBRAR NO SEU PÉ,

MAS NÃO MUITO PERTO PORQUE TEM UM DETALHE QUE VOCÊ TALVEZ NÃO SE LEMBRE PORQUE É MIRIM: **TEM BANDEIRINHA PRA DAR IMPEDIMENTO.**

VAI, ALÊÊÊÊÊ!

ALÊ XAVIER também cavou uma vaga nas peladas. Uma das mitadas da nossa musa – além de substituir o ~~amarelão do~~ Fred em cima da hora, jogar dois dias seguidos e fazer um gol – foi tabelar com o RONALDINHO (no bom sentido porque, quando se trata do Bruxo, já sabe).
O mais SENSACIONAL é que eles eram de times diferentes!
Invejosos dirão que foi tudo combinado antes.

7

SE O JOGADOR VIER TODO AMIGÃO DIZENDO QUE VAI DAR UMA MÃO PRA VOCÊ FAZER UMA GRAÇA,

É CILADA, BINO!

*** NÃO CAIA NESSA! ***

PURA CATIMBA PRA TIRAR VANTAGEM.

B BOLÍVIA TALK SHOW

SE VOCÊ ACHA QUE BTS É AQUELA BOYBAND COREANA DE K-POP, PODE FECHAR O LIVRO PARA TOMAR O SEU LEITINHO COM PERA. NÃO SABEMOS O QUE O BOLÍVIA DÁ PARA OS SEUS CONVIDADOS TOMAREM, MAS NO BOLÍVIA TALK SHOW A ENTREVISTA É SEMPRE AQUELA RESENHA MONSTRA.

“QUASE SAIU UMA PROPAGANDA DAS HAVAIANAS, E EU IA FAZER.” ROGER FLORES, EX-CHINELINHO, EX-GALISTEU, EX-SURFISTINHA

“CONSAGREI TANTO O ETO’O QUE ELE FOI PARAR NO BARCELONA.” NENÊ

“MIL GRAU, VAI TOMAR NO CU!” KAKÁ FALANDO PALAVRÃO

“O MICROFONE JÁ FICA ABAIXADO.” ZICO, SOBRE AGUENTAR OS GRITOS QUANDO FAZ TRANSMISSÕES COM O NARRADOR ANDRÉ HENNING

"QUANDO EU JOGAVA NA BASE DO PALMEIRAS, FALAVA QUE ERA SANTISTA. TINHA ATÉ UM CALÇÃO PARA OS CARAS ACREDITAREM."
ELIAS, CORINTIANO

"EU QUIS CHUTAR NO GOL MESMO, MAS NO PRIMEIRO PAU. ELA CAIU NO SEGUNDO."
RONALDINHO, SOBRE O GOL NA INGLATERRA EM 2002 TER SIDO CAGADO OU NÃO

"NÃO DÁ PRA FODER COM A PICA XONXA."
POFEXÔ LUXEMBURGO

"JÁ PEGUEI MUITO REBOTE DO RONALDINHO." THIAGO NEVES

"PREFERIA ME CHAMAR XENOFONTE DO QUE SER CORINTIANO." RAÍ

"O IMPORTANTE É A MÁGICA, E NÃO O TAMANHO DA VARA." EDMUNDO, ADMITINDO AS DIMENSÕES DO INSTRUMENTO

"O PALMEIRAS NÃO TEM MUNDIAL POR CAUSA DE MIM."
MARCOS

"IMITEI O KIDIABA PARA PROVOCAR OS MORANGUINHOS."
ANDRÉ LIMA

DESIMPEDIDOS GOURMET

NÃO SEJA UM BANANÃO E APRENDA A FAZER UM ARROZ A CAIO RIBEIRO, RECEITA EXCLUSIVA DADA DURANTE A ÉPICA ENTREVISTA COM O BOLIVÃO.

INGREDIENTES:

- ARROZ
- FEIJÃO
- BIFE
- DANONINHO

MODE DE PREPARO:

MONTE UM PRATO DE ARROZ COM FEIJÃO E BIFE. O ARROZ ESTÁ NAQUELE TUPPERWARE NO FUNDO DA GELADEIRA, ENQUANTO O FEIJÃO É O QUE REALMENTE ESTÁ DENTRO DAQUELE POTE DE SORVETE QUE VOCÊ ACHOU E FICOU FELIZ PRA CARLINHOS. SEPARE UM DANONINHO, DE PREFERÊNCIA SABOR MORANGO.

ENCHA A COLHER DE ARROZ, FEIJÃO E BIFE E COLOQUE NA BOCA, GUARDANDO A MAÇAROCA EM UM CANTO. PEGUE UMA COLHER DE DANONINHO E COLOQUE DO OUTRO LADO DA BOCA. AGORA, É SÓ MISTURAR ~~VOMITAR~~ E COMER.

"EU NÃO AGUENTO MAIS JOGAR FUTEBOL. NÃO VEJO A HORA DE PEGAR MINHA MOTO E SAIR PELO MUNDO."
RAFAEL SÓBIS

"SE NÃO FIZESSE TANTO CALOR, ACHO QUE EU E O BEBETO TERÍAMOS DADO UM SELINHO." ROMÁRIO, SOBRE A COMEMORAÇÃO DO GOL DO PARCEIRO SOBRE OS ESTADOS UNIDOS NA COPA DE 1994

"ESCONDO O COPO NA HORA DE TIRAR UMA SELFIE NA BALADA." RODRIGUINHO

"SAÍ DO SÃO PAULO PORQUE VIA UMAS COISAS ESTRANHAS NO VESTIÁRIO." EMERSON SHEIK, O MESMO DO FAMOSO SELINHO

"FICO TÃO CONCENTRADO ANTES DE UM JOGO QUE, UMA VEZ, ENTREI NO CAMPO E ANDEI VINTE METROS COM UMA MENINA NO COLO SEM PERCEBER QUE ERA A MINHA FILHA." JEFFERSON, ETERNO GOLEIRO DO FOGÃO

NA RIMA E NA RIVALIDADE

O MÚSICO ~~RODRIGO CAIO~~ FÁBIO BRAZZA É NOSSO PARÇA E TUDO COMEÇOU COM AS ÉPICAS BATALHAS DE RAP. JÁ TEVE BATALHA DOS MAIORES CLÁSSICOS, DE RIO X SÃO PAULO, BRASIL X ARGENTINA... MAS A QUE TEM MILHÕES E MILHÕES DE VIEWS E RODOU O MUNDO INTEIRO FOI ENTRE MESSI (BRAZZA) E CRISTIANO RONALDO (FRED)! E COMO O BRAZZA É RAPPER E TAMBÉM TOCA CAVAQUINHO PRA CARALHO, SOBROU ATÉ UM SAMBA-ENREDO DO CRAQUE NETO DURANTE O CARNAVAL DE 2018.

C

CRICIÚMA DORTMUND

O Criciúma é um marco na trajetória do Desimpedidos. O canal sempre reconheceu o carisma do Tigre e dos craques Lins e Paulo Baier. Por sua vez, o clube abriu as portas para a zueira. Pena que zicamos os caras, que acabaram rebaixados depois de deixarem o Bolívia e o Mil Grau entrarem em campo com o time, de mãos dadas com o deus Paulo Baier. Acho que a zica do Bolívia começou aí…

POR QUE O CRICIÚMA É O MAIOR CLUBE DO MUNDO?

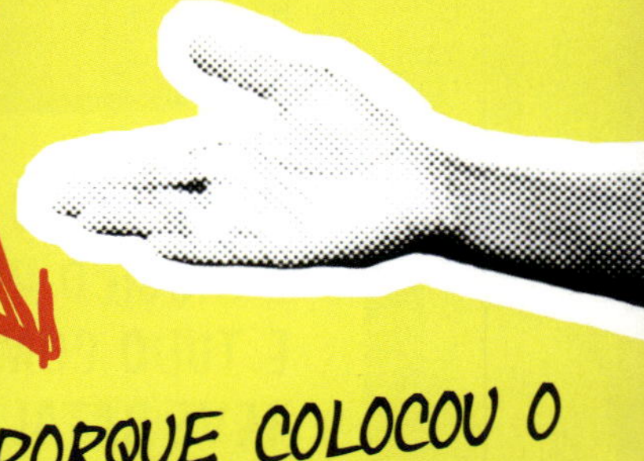

PORQUE COLOCOU O DESIMPEDIDOS NA CAMISA, CARALHO!

O milagre

O Criciúma jogaria contra o Cruzeiro, líder do campeonato. E como um encontro com Deus sempre promove milagres, a equipe do canal viajou no mesmo avião que a delegação da Raposa. Resultado: o Bolívia pegou o microfone do avião escondido e mandou um recado pro elenco do Cruzeiro ficar esperto, pois estavam prestes a desembarcar na terra sagrada. Depois, tomou uma comida monstra da aeromoça, que quase jogou o meliante para fora do avião.

PALADINO DA BOLA

ALFA E ÔMEGA

SOLDADO DA LUZ

REI

LINSWANDOWSKI

CRIADOR

Pai eterno

PRÍNCIPE DA PAZ

PÃO DA VIDA

REI DOS POBRES

CRIADOR DO CÉU E DO MAR

OLHO QUE TUDO VÊ

DEUS DO AMOR

PAI BONDOSO

PAULO BAIER FACTS

Seu número de RG é em algarismo romano

FEZ SEU PRIMEIRO GOL EM 2000 A.C.

Teve dois amigos navegadores: o primeiro foi Cristóvão Colombo e o segundo, Vasco da Gama.

ERA CAPITÃO DO TIME DE NOÉ

Seu primeiro contrato foi escrito em papiro

Garrincha ficou com as pernas tortas após tomar um drible de Paulo Baier

Não usa relógio, ele decide que horas são

JOGOU UM TEMPO PARA CADA TIME NA PARTIDA AMIGOS DE CABRAL X AMIGOS DE CAMINHA

SEU PRIMEIRO JOGO NA ALTITUDE FOI EM MACHU PICCHU, CONTRA OS INCAS

USA ÓCULOS ESCUROS PARA NÃO OFUSCAR O SOL COM O BRILHO DE SEUS OLHOS

IMAGENS INÉDITAS DO PAULO BAIER BRINCANDO NA SUA INFÂNCIA

PAULO BAIER NÃO TINHA AULAS DE HISTÓRIA, E SIM, DE FUTURO

SEU PRIMEIRO ANIMAL DE ESTIMAÇÃO FOI UM DINOSSAURO

CHARLES MILLER JOGOU EM SUA ESCOLINHA DE FUTEBOL

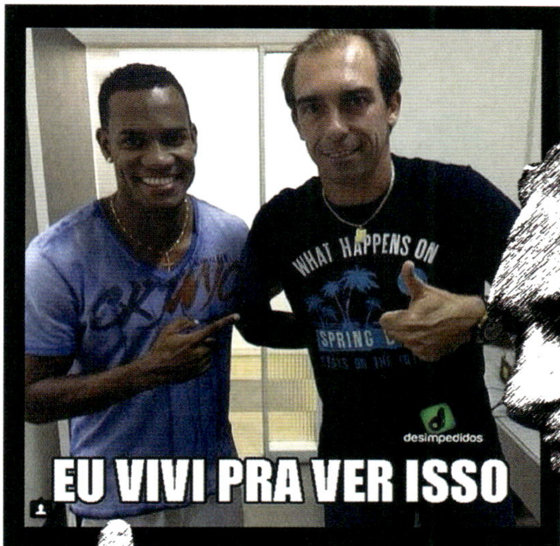

Paulo Baier fala, todos obedecem: disse que deixaria o Bolívia e o Mil Grau entrarem em campo com o Criciúma Dortmund, e assim foi feito

Quando Deus encontra sua melhor criação

DESAFIOS DO FRED

FRED ~~JURA QUE~~ JOGOU EM UMA ESCOLINHA DO CORINTHIANS E ATÉ ENTROU EM CAMPO COM A CAMISA DO CLUBE EM TORNEIOS INFANTIS. FOI DISPENSADO, MAS ACHOU QUE ESTEVE PERTO DE SER PROFISSIONAL. ~~HAHAHAHA!~~ UMA DE SUAS QUALIDADES ERA PEGAR BEM NA BOLA, PORQUE ELE FICAVA TREINANDO CHUTES SOZINHO NO QUINTAL DA DONA AURIMAR. AGORA, ELE NOS MOSTRA O QUE APRENDEU DESAFIANDO OS PROFISSAS.

O CHUTE IMPOSSÍVEL

TODO CRAQUE TEM UMA JOGADA FAMOSA. RONALDO TEVE A CAVADINHA NA FINAL DO PAULISTA DE 2009; RONALDINHO GAÚCHO, O GOL SEM QUERER QUERENDO CONTRA A INGLATERRA; KAKÁ FEZ OS ZAGUEIROS DO MANCHESTER UNITED TROMBAREM; FALCÃO E OS GOLS DE CARRETILHA; ~~FÁBIO E O GOL DE COSTAS~~... MAS ACERTAR O TRAVESSÃO DUAS VEZES EM UM CHUTE SÓ O FRED FEZ!

GANHAR É BOM, MAS...

... GANHAR DA ARGENTINA É MUITO MAIS GOSTOSO. NO ÚNICO DESAFIO QUE O FRED NÃO PARTICIPOU, A DUPLA BRASILEIRA MARQUINHOS E LUCAS MOURA VENCEU A ARGENTINA PASTORE E DI MARÍA POR 3 X 2.

JOGADOR FACILITA?

ALGUNS DIZEM QUE DÃO UMA AJUDINHA PARA O FRED E JOGAM COM O FREIO DE MÃO PUXADO. ~~(DEPOIS DE PERDER É FÁCIL FALAR)~~ FOI O CASO DE FALCÃO, QUE PERDEU E AGORA FICA TODA HORA MANDANDO MENSAGEM PEDINDO UMA REVANCHE.

CADÊ O TIRA-TEIMA?

KAKÁ E FREDÃO JÁ VIROU UM CLÁSSICO DO DESIMPEDIDOS. O CHEFINHO VENCEU UMA, O APRESENTADOR VENCEU OUTRA. ESTAMOS ESPERANDO O TIRA-TEIMA.

SUJEITO DE PALAVRA

PAGANDO PROMESSA POR TER CONSEGUIDO BATER BOLA COM O FALCÃO, FRED TATUOU O NÚMERO 12 NA BATATA DA PERNA EM HOMENAGEM AO CRAQUE.

O ALGOZ

FRED ATÉ FICA SE VESTINDO DE JOGADOR DO REAL MADRID POR AÍ, MAS ~~SE BORRA~~ AMARELA QUANDO ENFRENTA UM: MARCELO. O LATERAL VENCEU O FRED DUAS VEZES: EM UM HUMILHANTE 120 X 5 E EM UM PINGUE-PONGUE EM MADRI.

RECORDE

O FREDÃO TEVE 40% DE APROVEITAMENTO NOS 50 PRIMEIROS DESAFIOS. FORAM 20 VITÓRIAS E 30 DERROTAS.

O FREGUÊS

APENAS UM JOGADOR FEZ MAIS DE UM DESAFIO COM O FRED E PERDEU TODOS: MICHEL BASTOS. QUE FASE!

Entrevista Surpresa

Um dos quadros mais legais do Desimpedidos é o Desandreoli, o programa de listas que se transformou no Fred+10. Nele, o agora global Felipe Andreoli queria ~~se exibir~~ aproveitar sua invejável agenda de contatinhos (tudo homem) pra ligar já gravando, sem avisar. Veja nas próximas páginas alguns dos melhores momentos da Ligação Surpresa-sa-saaaaa.

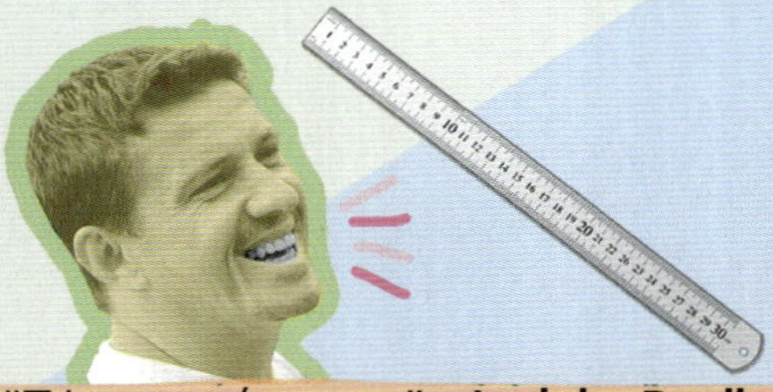

"Trinta centímetros." – **Juninho Paulista, o famoso L, sobre o seu "calibre"**

"O Rogério Ceni é patrão, não posso desrespeitar o Rogério Ceni, cara. O Rogério Ceni é lindo, maravilhoso, todo gostoso." – **Michel Bastos**

"Assinou?" – **Tiago Leifert, deixando vazar que Andreoli já tinha acertado com a Globo**

"Já tive de dar chapéu em jogador que tentou pressionar na defesa, com categoria, com classe. Quantas vezes? Vamos superar o Pelé: 1.001." – **Paloma Tocci**

"Edílson não bebe nada, não, pô! Ele é louco normal." – **Vampeta**

"Fala, Paulinho. Tudo joia, meu preto? Como é que tá o negócio do garoto, rapaz?" **– Bebeto, achando que outra pessoa tinha ligado**

"Tá louco, rapá? É meu amigo ou não é?" **– Zico sobre assumir a Seleção Brasileira**

"Tinha feito uma apostinha de cem contos, duzentos contos, que ia dar uma caneta no Mascherano. Quando eu dei a primeira, olhei pro banco: já foi a primeira!" – **Edílson**

"Mesmo quando ele estava gordo, o Ronaldo é um cara muito forte. Ele deve ter jogado com, no máximo, 104 ou 105 quilos. O Walter já passou de 110 há muito tempo." – **Neto**

"Está usando camisa por quê? Pagando promessa?" – **Fábio Luciano**

"O Paulo Baier parecia um garoto de 115 anos entrando em campo com o Bolívia e o Mil Grau." – **Alex**

"Eu vi que a bola estava no alto, no ar. Aí eu comecei a bater, só que ela não caía. Eu fui indo, indo, indo, indo e consegui fazer um pouco de embaixadinha." – **Alexandre Pato**

"Pelo menos o meu apelido de Podrinho vai cair. O Valdivia vai bater meu recorde." – **Pedrinho**

"Puta que pariu, caralho! Não me bastava perder uma porra de um jogo de 7 X 1, ainda tem que aturar ligação desse aborto da natureza!" **– Kibeloco ao atender uma ligação do Mil Grau**

FRED F +10

O Fred foi o primeiro apresentador contratado depois de um concurso aberto ao público. E quase não deu: ele ia perder a data para mandar o vídeo e só conseguiu enviá-lo porque o prazo foi estendido ~~(deu rabo! Não, péra)~~. Seu vídeo foi escolhido principalmente por causa da parte em que ele chama um ônibus vestido de Cristiano Ronaldo, imitando aquela pose com as pernas abertas que o Papai Cris faz na hora de cobrar faltas. E justo essa parte, a irmã do Fred, que gravou e editou o vídeo, queria cortar! Para você ver como um detalhe pode mudar tudo...

Ele rapidamente ganhou moral, fez o programa ser o mais visto do canal, ficou parça dos jogadores e ainda meteu uns golaços da porra em jogos beneficentes ~~(agora, quando é pra representar na Supercopa Desimpedidos, amarela mais que o Ibra em final)~~. Aí, ele fez especialmente para este almanaque um ranking com os dez jogadores com os quais ele mais gostou de dividir o campo.

#10 – Roberto Carlos

Ele realizou meu sonho de criança, que era vê-lo jogar no ataque, como no videogame. Ele começou jogando lá atrás, de lateral esquerdo, deu um tempo e falou: "Galera, vou lá pra frente". Quando ele armava o chute, minha nossa, acho que eu preferia ver um cara apontando uma arma pra mim a vê-lo armando um chute comigo na frente da bola. É uma pancada incrível!

#9 – Zico

Eu não era fã do Zico porque não o tinha visto jogar. Conhecia-o pelos vídeos antigos. Pagava pau pras faltas que ele cobrava, mas não o acompanhei no auge. Virei muito fã dele pela pessoa que ele é. Foi superaberto e hoje trocamos mensagem direto. Puta cara legal!

#8 – Kaká

Tremi na primeira vez em que ele entrou no nosso estúdio. Quando fui para o primeiro desafio com ele, estava nervoso pra caralho. Mas foi um dia mágico, eu acertava tudo. Além disso, dei uma roubadinha. No aquecimento, vi que ele sempre acertava o ângulo direto porque estava chutando de frente. Então mudei a regra pra gente chutar em diagonal, e ele acabou errando mais.

#7 – Cafu

Tive a oportunidade de fazer um jogo com ele. Meu nome contra o dele: Amigos do Fred X Amigos do Cafu. Ele foi um dos primeiros caras profissionais com quem eu joguei na minha vida. Naquele momento percebi o quanto eu estava errado achando que tinha chegado perto de ser profissional. Não cheguei, profissional é um negócio absurdo de diferente.

#6 – Marcelo

Não tem como não colocar o Marcelo nesta lista. É a melhor pessoa que eu conheci no futebol nesses três anos de Desimpedidos. Mesmo nunca tendo jogado com ele, só de fazer os desafios já deu para ver como ele é impressionantemente acima da média. O que ele faz com aquele pé direito sendo canhoto é muito louco.

#5 – DENÍLSON

Eu sempre assistia ao Denílson, tanto nos jogos profissionais quanto nos festivos. É muito bom estar do lado dele, que é um cara que alegra qualquer ambiente. Nos conhecemos tabelando nos jogos festivos e agora tabelamos nas nights por aí. Acabamos virando grandes amigos.

#4 – LUCAS LIMA

Estávamos jogando juntos em Uberlândia e no nosso time estavam o Nenê, o Neymar, o Elias e o Amaral. Em certa altura do jogo, os jogadores profissionais saíram e ficou só o Lucas Lima. Aí, ele virou pra mim e falou: "Fred, agora é só nós dois. A gente vai ter que segurar. A responsa está com a gente". Então, pô, ele considerou que eu fosse uma pessoa ali para segurar a estrutura do time.

#3 – NEYMAR

É meio mágico ver de dentro do campo o Neymar jogando. Parece que ele flutua, que está todo mundo correndo e ele, deslizando de patins, porque o cara é muito mais rápido. E ele é muito inteligente também. Tem bola que você lança toda errada e ele dá um jeito de consertar.

#2 – FALCÃO

Sempre torcemos para ficar no mesmo time, mas também gostamos de ficar em times opostos para cada um usar sua camisa 12. Há um episódio muito bacana de quando joguei contra ele uma vez. Era uma falta para o time do Falcão, eu já tinha errado vários gols, tinha até perdido pênalti, e ele trocou de camisa comigo para eu poder cobrar. Chutei no ângulo, um baita golaço. Foi um baita golaço contra.

#1 – RONALDINHO

De dentro do campo consegui ver algumas coisas que, de casa ou da arquibancada, a gente não vê. Por exemplo, ele faz muito aquela coisa de olhar para um lado e tocar para o outro. A gente acha que é só naquele momento, mas ele está sempre com a cabeça baixa, olhando meio de canto. Vê-lo dominando a bola, dando passe, chutando de dentro do campo é muito especial!

G GAROTADA DA BASE

CRAQUE O DESIMPEDIDOS FAZ EM CASA, ~~OU ENTÃO FAZ UMA PENEIRA COM OS INSCRITOS PARA ACHAR UM~~. DEPOIS DO CONCURSO VENCIDO PELO FRED, O CANAL LANÇOU O PROJETO MULEKE DA BASE EM 2017 PARA REVELAR OS PRÓXIMOS APRESENTADORES. FOI ASSIM QUE CHEGARAM ALÊ XAVIER E TONY PEZÃO.

ATACANTE DO NHÔ QUIM

NA ADOLESCÊNCIA, ALÊ DEFENDEU O XV DE PIRACICABA EM TORNEIOS REGIONAIS DE FUTSAL NA BASE E AINDA JOGOU PELA CIDADE NOS JOGOS ABERTOS DO INTERIOR, MAS ~~O SONHO ACABOU~~, PENDUROU AS CHUTEIRAS AOS 15 ANOS.

PEDIDO DE DEMISSÃO

ALÊ ERA ESTAGIÁRIA NO SITE DO GLOBO ESPORTE E FOI SÓ NA RETA FINAL DA GRAVAÇÃO DO MULEKE DA BASE QUE ELA DESCOBRIU QUE NÃO PODERIA TER SUA IMAGEM UTILIZADA SEM AUTORIZAÇÃO DA GLOBO. ELA PEDIU PARA SAIR DO CONCURSO, MAS ACABOU CONVENCIDA A SEGUIR NA DISPUTA E ~~FEZ A CAGADA~~, DEIXOU O SONHO GLOBAL DE LADO, TROCANDO UMA CARREIRA BRILHANTE NA MAIOR EMISSORA DO PAÍS, A AMIZADE COM TIAGO LEIFERT E CAIO RIBEIRO PARA SE CONVERTER À RELIGIÃO ZUEIRISTA. POR QUÊ? "MUITO MAIS LEGAL", RESUMIU.

COM QUE ROUPA EU VOU?

PEZÃO FOI A SÃO PAULO PARA A FINAL DO MULEKE DA BASE E LEVOU UMA MALA COM ROUPA PARA APENAS TRÊS DIAS ~~(ELE NÃO ACREDITAVA QUE IA GANHAR)~~. FOI ESCOLHIDO E ENVIADO IMEDIATAMENTE PARA UMA COBERTURA EM BARCELONA. PARA TER O QUE VESTIR, FOI OBRIGADO A ACEITAR AS ROUPAS CEDIDAS PELA PATROCINADORA ~~(PARA NÃO FICAR PELADO E VIRAR O TONY PAUZÃO)~~. O TÊNIS ~~FEIO PRA CARALHO~~ QUE ELE USAVA ERA O ÚNICO 48 QUE ELES TINHAM PARA OFERECER.

ENQUETE

QUAL O MAIOR MICO DA ALÊ?

( ) CHAMAR O RONALDINHO GAÚCHO DE RONALDINHO CARIOCA NO AR.

( ) QUASE PERDER UM TRABALHO POR ESQUECER A PRÓPRIA IDADE.

( ) NÃO RECONHECER PATRICK KLUIVERT ENQUANTO ERA XAVECADA POR ELE.

H

HALL OF MEMES

Se hoje o Desimpedidos é um canal grande do YouTube, o maior de futebol no mundo em *watch time* (deixa a gente se gabar um pouco), é porque ficou conhecido por seus vídeos virais e memes, especialmente nos primeiros anos.

As ideias dos vídeos vinham da parceria Bolívia + Leo Bismara, que fazia a página São Paulo Mil Grau e tinha o apelido Milgrauzão. O bicho era doido e mandava muito no *motion*! Alguns hits como "Galinha Trombadinha", "Álbum da Copa" e "PDZ - Partido da Zueira" são inesquecíveis. Já no quesito memes nota dez, quem comandava eram os memeógrafos Mil Grau e Ygor Benini, também conhecido ~~pelas selfies diárias no Instagram~~ como Bolivesgo.

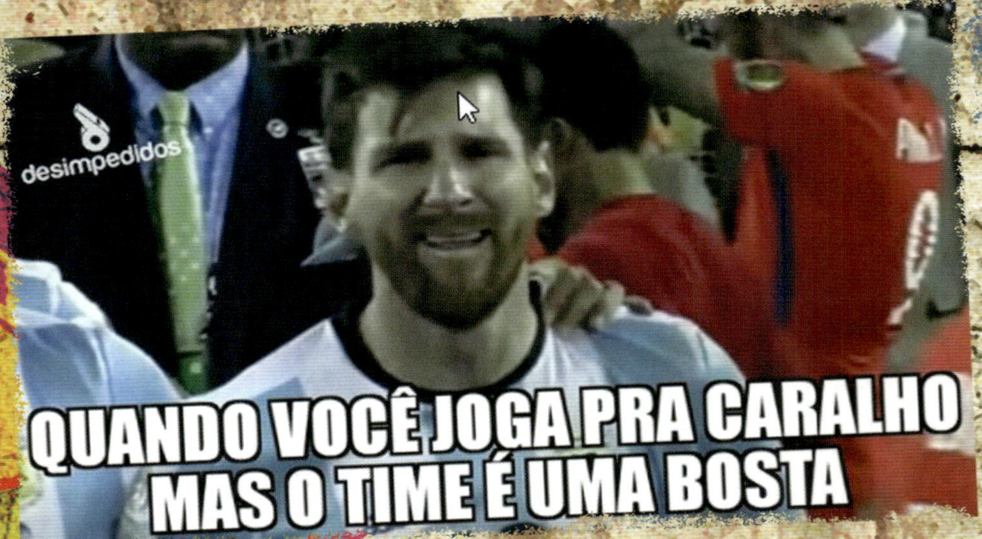
desimpedidos
QUANDO VOCÊ JOGA PRA CARALHO
MAS O TIME É UMA BOSTA

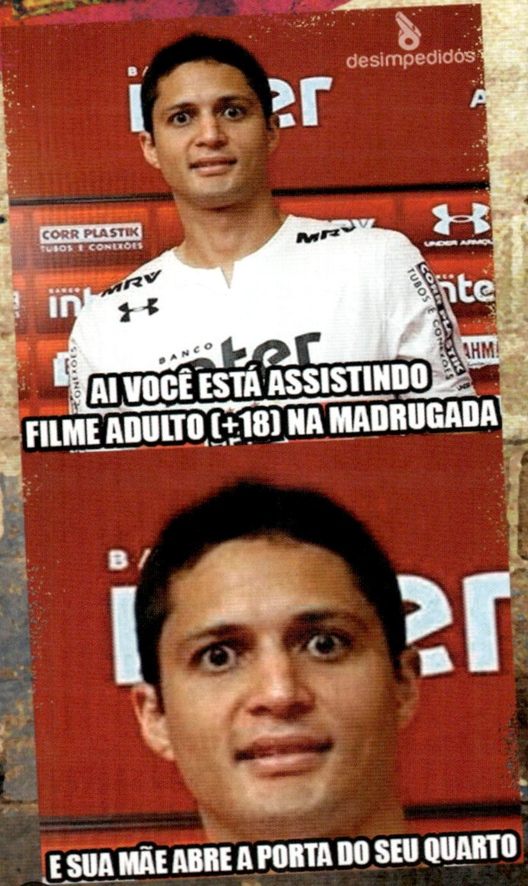
desimpedidos
AI VOCÊ ESTÁ ASSISTINDO
FILME ADULTO (+18) NA MADRUGADA
E SUA MÃE ABRE A PORTA DO SEU QUARTO

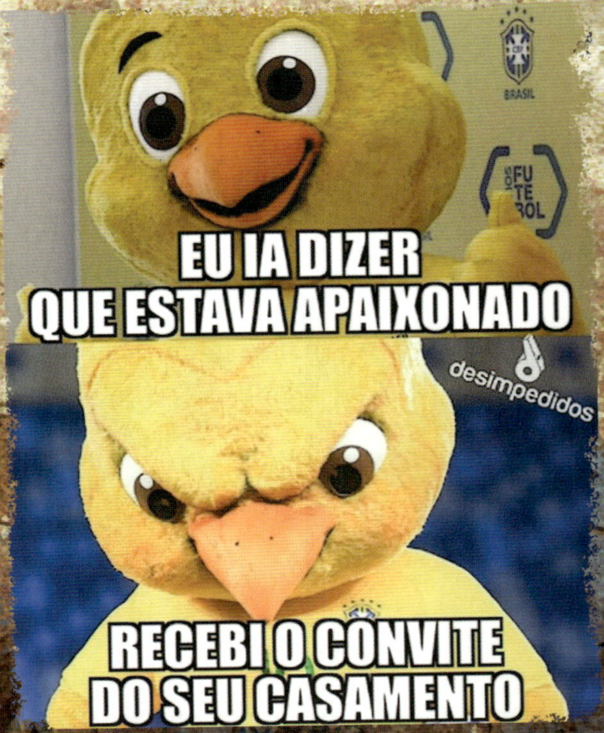
EU IA DIZER
QUE ESTAVA APAIXONADO
desimpedidos
RECEBI O CONVITE
DO SEU CASAMENTO

QUANDO VOCÊ É ELIMINADO MAS LEMBRA QUE SEU PRINCIPAL ESPORTE É O VÔLEI
desimpedidos
ESTOU FELIZ E PUTO

desimpedidos
@desimpedidos
Neymar, quero te apresentar um amigo

desimpedidos
S.F.C.
SANTOS COMPLETA 105 ANOS
E IGUALA O NÚMERO DE TORCEDORES

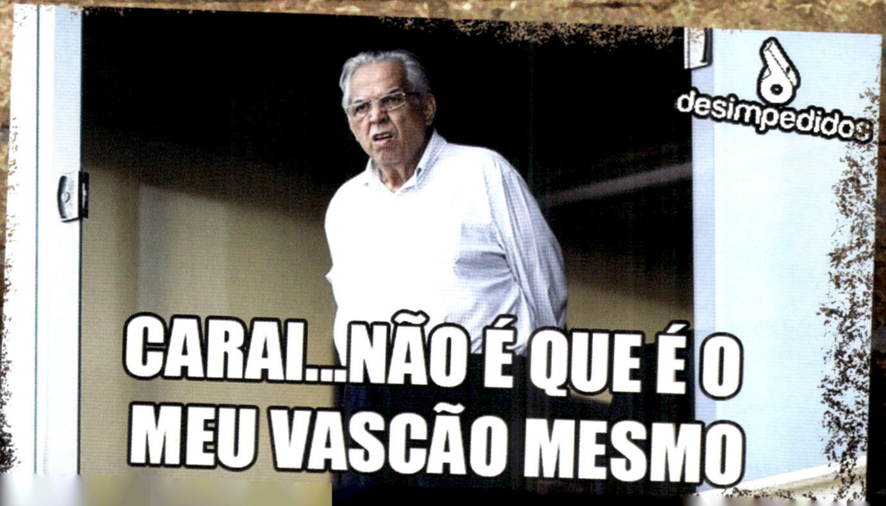
desimpedidos
CARAI...NÃO É QUE É O
MEU VASCÃO MESMO

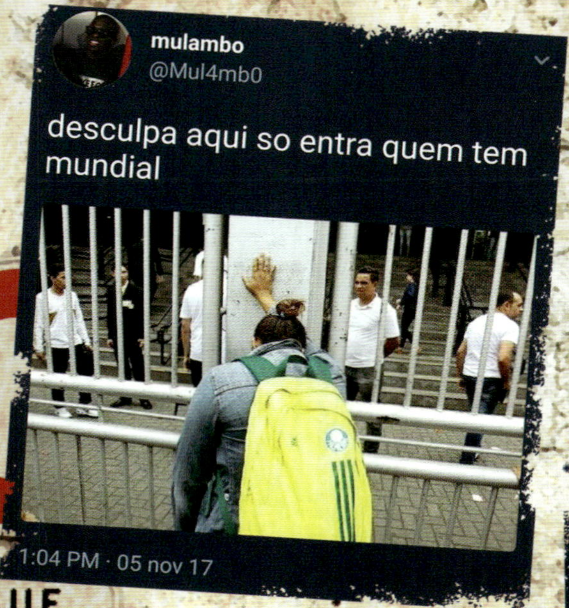
mulambo
@Mul4mb0
desculpa aqui so entra quem tem mundial
1:04 PM · 05 nov 17

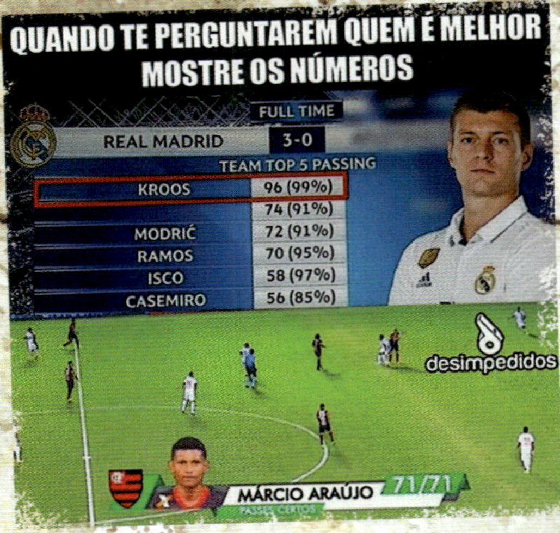
QUANDO TE PERGUNTAREM QUEM É MELHOR MOSTRE OS NÚMEROS
FULL TIME
REAL MADRID 3-0
TEAM TOP 5 PASSING
KROOS 96 (99%)
74 (91%)
MODRIĆ 72 (91%)
RAMOS 70 (95%)
ISCO 58 (97%)
CASEMIRO 56 (85%)
desimpedidos
MÁRCIO ARAÚJO 71/71

desimpedidos
@desimpedidos
Quando você promete um gol pra @ e tem que provar que fez

QUANDO SUA MÃE PEGA VOCÊ E SEU IRMÃO BRIGANDO E ELA FORÇA VOCÊ A ABRAÇÁ-LO
desimpedidos

desimpedidos
SEMPRE MARCA CONTRA O CORINTHIANS
NUNCA GANHA

VOCÊ TEM DUAS PERNAS
E RG? CUIDADO!
NOSSA DIRETORIA
PODE TE CONTRA

ZEREI UM JOGO DO IPHONE
CHAMA TINDER

ROUPINHA DO FLUMINENSE
FLUMINENSE
10
10
PRO SEU FILHO NUNCA CAIR DO BERÇO

QUANDO SEU TIME CONTRATA UM JOGADOR RUIM
MAS O TIME INTEIRO TA UMA BOSTA
desimpedidos
TODO MUNDO AQUI É UM LIXO
NINGUÉM VAI TE JULGAR

desimpedidos
TÁ OLHANDO O QUE PORRA

desimpedidos
RONALDINHO DEIXA O GALO:
"DEPOIS QUE O ANELKA CHEGOU EU PERDI ESPAÇO"

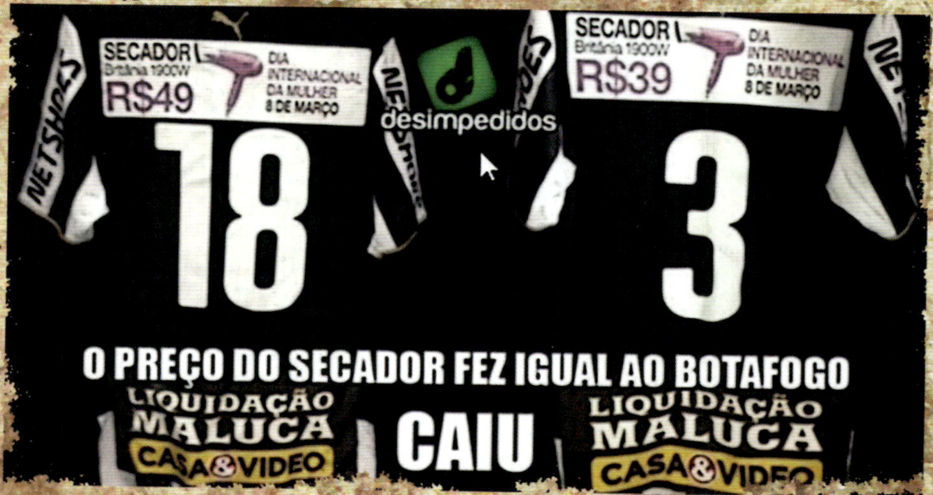
SECADOR
R$49
DIA INTERNACIONAL DA MULHER 8 DE MARÇO
desimpedidos
SECADOR
R$39
DIA INTERNACIONAL DA MULHER 8 DE MARÇO
18
3
O PREÇO DO SECADOR FEZ IGUAL AO BOTAFOGO
CAIU

desimpedidos
MARQUINHOS
97 ANOS
COM FUTEBOL DE 57

QUANDO VOCÊ VÊ SEU AMIGO APANHANDO
MAS LEMBRA QUE ELE NÃO PASSOU A COLA DA PROVA E VOCÊ TIROU NOTA VERMELHA

AQUI EM BAIXO NÃO TEM MATA-MATA
CANSEI DE SER HUMILHADO
SPFC
ME ESPERA
SPFC
SPFC

...
OEAA
OOOOOEEAAAA
OOOOOEEAAAA

#VEMIBRA
DESENHE SUAS PRÓPRIAS TATTOOS NO IBRA!

IBRAHIMOVIC

Ibrahimovic fez tudo o que pôde – até golaço de golpe de taekwondo saiu. Mas o Papai Cris mandou ele não meter o nar~~iz gigantesco~~ onde não é chamado. Portugal fez 3 X 2 na Suécia na repescagem das eliminatórias europeias, e o craque ficou de fora da Copa de 2014.

Aí o Andreoli deu a ideia, e o Desimpedidos criou a campanha "Vem, Ibra", convocando o atacante para dar um rolê aqui no Brasil. Vários craques participaram do vídeo, e assim o canal teve sua primeira campanha viralizada internacionalmente.

É NÓIS NO MUNDO, LADRÃO!

Menos de 24 horas depois, o Ibra postou em suas redes a resposta, marcando o Desimpedidos e a #VemIbra, além de mudar seus planos de férias.

Jogos Olímpicos

A gente sabe que, se zueira fosse modalidade olímpica, o Brasil lideraria o quadro de medalhas ~~(mas dá medo de pensar no doping que a delegação russa inventaria)~~. Então, o Desimpedidos foi ao Rio de Janeiro para ao menos tentar transformar a zueira em esporte de demonstração nos Jogos de 2016.

Nota do editor: essa merda de "esporte de demonstração" não existe desde 1996 e vocês continuam fazendo piada com isso???

Só derrota

Fredão começou sua cobertura olímpica com uma missão: jogar bola e ~~pegar~~ falar com a Anitta. Ele até conseguiu, mas olha o balanço do dia:

- Gol contra;
- Dois voleios estourados na zaga;
- Cinco dribles fracassados no Lúcio;
- Um gol que deu direito a falar com a Anitta. Teve até beijinho... mas depois o Bolívia furou o olho dele.

Depois que o Brasil ganhou da Alemanha no Maraca lotado e finalmente levou o ouro, Fred chorou. ~~Ah é, não brinca...~~ Segundo ele, a final do futebol olímpico foi a mais foda que ele já presenciou. Ele se empolgou e fez uma tatuagem da Rio-2016 ~~igual o Gabigol~~.

Os verdadeiros Jogos Olímpicos

Jogos Olímpicos são fera demais, mas melhor ainda são os Jogos de Areia e a épica briga entre o Time Fred e o Time Bolívia:

- Chinelo ao alvo;
- Lançamento de coco;
- Salto em altura;
- Gol Ananias;
- Futebol de pé amarrado.

5 SEGREdos SOBRE A NATAÇÃO!

Bolívia entrevistou alguns destaques olímpicos do Brasil, entre eles o colecionador de medalhas César Cielo, e fez descobertas importantes sobre a natação:

- Como a água da piscina é fria, não há o risco de você ficar de pidú na piscina passando vexame. Mas o verdadeiro vexame que você vai passar é exatamente por isso;
- As sungas são muito apertadas e esmagam a sacola;
- Na Vila Olímpica, vale mais a pena dizer "não" a uma tenista na véspera da prova para estar preparado para ganhar e esperar pra chegar junto depois, com a medalha no peito pra impressionar a gata ~~(quem fala "não" pra uma tenista russa nem é gente)~~;
- É verdade: colocam produto na água que denuncia quem mija na piscina...
- ... mas os nadadores ~~estão cagando~~, mijam mesmo assim.

4:00

Acha que é fácil ser o Bolívia? Ficar o tempo todo com aquela máscara ~~ridícula~~ e aquele gorro ~~quente pra porra~~ é foda, ainda mais no calor do Rio de Janeiro. E na final do futebol olímpico ~~que não acabava nunca porque nem com o Neymar o time do Micale conseguiu vencer a Alemanha sem ser nos pênaltis~~, o Murilo teve seu pior dia no papel de Bolivão: foram quatro horas seguidas com a máscara, do momento em que saiu do táxi até o final da cobertura.

00:18:68

Tempo do Fred nos 100 metros rasos. Usain Bolt conquistou o ouro com 9s81.

KAKÁ

CHEFINHO! A galera não bota fé, mas o Kaká tem esse apelido porque realmente é um dos sócios do canal ~~graças a Deus~~. Ele é o Bambino d'Oro, o príncipe encantado, o bom moço, mas quando junta com a rapa do Desimpedidos, entra na zueira.

Kaká facts

Desrespeitou o aviso de "Não pise na grama"

Kaká já jogou uma latinha de alumínio no lixo de orgânicos

Em um ato de total loucura, jogou cinco partidas de videogame sem salvar o jogo

Certa vez, ao comprar algumas balas, recebeu dez centavos de troco a mais e não devolveu

No aniversário de um colega, comeu um brigadeiro escondido muito antes de cantarem o parabéns

NUM ATO DE COMPLETA FALTA DE HIGIENE, NÃO LAVOU AS MÃOS ANTES DA REFEIÇÃO

Já tomou Yakult sem agitar antes de beber

Em um dia de insanidade total, tocou a campainha do vizinho e saiu correndo

Já dormiu sem rezar. Duas vezes!

Algumas pessoas juram tê-lo visto usando um boné virado para trás

Adora mexer com o perigo. Uma vez, numa festa junina, estourou um estalinho na própria mão!

POR QUE O KAKÁ É O MELHOR CHEFE DO BRASIL
Argumento: Todos favoráveis
Roteiro: Escrito certo por linhas certas
Arte: Ele é uma obra-prima!
Deixa o Bolívia dar um rolê com seu carrão...
... e manda o Mil Grau tomar no cu.

Dança funk ~~pior que boneco de Olinda~~ com a galera...
Revela a verdadeira história do Bolívia no Desinformados.

Ensina a bater pênalti,,,
... e ainda faz o Chico pagar cofrinho.
Deixa o Fred ganhar um desafio...
Gigantes da Resenha
Ronaldo_Fe9no, Robinho_K@loi, N3ym4r *JR*, Você
Galera, dps cola no canal do Desimpedidos q deixei o Fred ganhar um desafio pra fazer uma surpresa na revanche kkkkkkkkkk...
13:27
Ronaldo_Fe9no
Karaka mlk, kkkkkkkkkkkk
13:27
N3ym4r *JR*
Hshgajhdgsahgdjhdhsagahdg
Vou ver agora pra alegrar o dia
Hagdsjhadsgsjhgd
13:27
Robinho_K@loi
E todo mundo sempre achando q o KK era santinho, huahuahuahuahua
Vou ver essa zueira aí!!!
13:27
... faz propaganda pros mais pikas no grupo do Zap...
... e depois o destrói impiedosamente na revanche.
Fim.

LIBERTADORES

CLIMA DE LIBERTADORES NÃO É BRINCADEIRA, MERMÃO. ATÉ UM CANAL ~~DE MERDA~~ DO YOUTUBE PASSA PERRENGUE COMO SE FOSSE O TIME VISITANTE. FOI A VIAGEM MAIS TENSA DA HISTÓRIA DO DESIMPEDIDOS. TENSA COM FINAL FELIZ.

SE LIGA NAS CENAS DE UM DIA MUITO FODA

A RECEPÇÃO CALOROSA

APARECEU UM ~~ASPONE~~ DELEGADO DA CONMEBOL COM CARA DE ASSUSTADO, DIZENDO QUE A COISA TAVA FEIA, ~~FODEU A PORRA TODA~~ O AMBIENTE ERA HOSTIL. TODO MUNDO OLHAVA FEIO, DE FORMA AMEAÇADORA, E NINGUÉM FAZIA QUESTÃO ALGUMA DE AJUDAR.

CHEGANDO A LA FORTALEZA

~~FODEU!~~ O BARATO COMEÇOU A FICAR LOUCO. A VAN QUE LEVOU A EQUIPE PARA O ESTÁDIO TINHA BATEDORES PARA FURAR O TRÂNSITO A CAMINHO DE LA FORTALEZA, AMEAÇADOR APELIDO DO ESTÁDIO DO LANÚS, RAIZ E ACANHADO, QUE FICA NO MEIO DE UM BAIRRO DO SUL DE BUENOS AIRES. OS BATEDORES AJUDAVAM A DAR MAIS SEGURANÇA, CERTO? NÃO!!! VIROU AVISO AOS TORCEDORES QUE DENTRO DO VEÍCULO TINHA BRASILEIRO, E AÍ COMEÇOU A VOAR TUDO QUANTO É TIPO DE COISA NA VAN: PEDRA, GARRAFA, CUSPE, PORRADA NA LATARIA E NOS VIDROS.

OS GREMISTAS

FREDÃO FOI ENCONTRAR A BARRA DO GRÊMIO NO CENTRO DE BUENOS AIRES. ERA O MOMENTO PARA SENTIR COMO SERIA A RECEPTIVIDADE DAS ORGANIZADAS TRICOLORES DURANTE O JOGO. TENSO. RESPOSTA: “FICA TRANQUILO, VOCÊ É BEM-VINDO AQUI”. UMA PREOCUPAÇÃO A MENOS.

LANÚS, DECIME QUE SE SIENTE

TORCER PARA O GRÊMIO NA FINAL JÁ ERA ÓBVIO, MAS DEPOIS DE TUDO O QUE PASSAMOS, VIROU OBRIGAÇÃO MORAL. E NADA MELHOR QUE FECHAR ~~A PORRA TODA~~ A NOITE NO GRAMADO DO ESTÁDIO, SENDO RECEBIDO PELOS JOGADORES COMO SE FIZÉSSEMOS PARTE DO ELENCO. AH, AMIGO, GANHAR É BOM. MAS GANHAR DA ARGENTINA, NA ARGENTINA, É MUITO MELHOR!

¿HABLAS ESPAÑOL?

MEMBROS DA POLÍCIA E DA CONMEBOL DISSERAM PARA EVITARMOS FALAR PORTUGUÊS, SOBRETUDO O BOLÍVIA, QUE TEVE A ~~INFELIZ~~ IDEIA DE VER O JOGO NO MEIO DA TORCIDA DO LANÚS. O BOLÍVIA TENTOU, MAS NÃO ROLOU. MANDARAM ELE PARA A TRIBUNA, SUPOSTAMENTE OCUPADA APENAS POR DIRIGENTES, CONSELHEIROS DO CLUBE E CONVIDADOS. MAS ATÉ LÁ O BICHO PEGOU, E ELE ~~SE BORROU TODO~~ TEVE DE ~~FUGIR~~ FICAR NA MARQUISE DO ESTÁDIO.

Mitagens

Mito. *substantivo masculino.* Relato fantástico de tradição oral, geralmente protagonizado por seres que encarnam as forças da natureza e os aspectos gerais da condição humana; lenda.

Mitagem. *substantivo masculino.* Ato típico de um mito; produto de um feito lendário.

ENTRAR DE PENETRA NO CAMAROTE DO ORLANDO MAGIC DURANTE UM JOGO DA NBA

PUXAR O CORO "CAZÁ" DA TORCIDA DO SPORT NA ARENA PERNAMBUCO

PROVOCAR O TIME DO CRUZEIRO NO INTERFONE DO AVIÃO DURANTE UM VOO

TIRAR UMA FOTO COM MESSI E SUÁREZ, FORMANDO O TRIO MSC

ENTRAR EM CAMPO COM PAULO BAIER

Sambar com o Ronaldinho depois de fazer um gol

Tabelar com o Ronaldinho na última partida dele, antes de anunciar a aposentadoria

Entrevistar o Cristiano Ronaldo e pedir pra ele autografar uma cueca CR7

Se vestir de torcedor do Bayer Leverkusen e dar autógrafo para torcedores mexicanos como se fosse jogador

Alex com camisa do canal na coletiva de aposentadoria

Aparecer na Globo comemorando o título da Libertadores com os jogadores

Neymar

"Se quiser tomar caneta, vai pra lá." Neymar deu a letra antes do jogo. Se Fred jogasse no time de Robinho no fatídico Ousadia X Pedalada, seria humilhado. Fredão ~~tentou apelar~~ ajoelhou, uniu as palmas das mãos e implorou por piedade. Mas com o menino Ney não tem perdão viadumm.

HOME NEWS EUROPE WORLD
Opposition Player Begs For
None
Đối thủ quỳ lạy xin Neymar
bóng
Un poco de
curioso pedi
Neymar en a

OLHA A PICADA

Qual desses pedidos de fã o Chico já atendeu?

( ) Dar selinho
( ) Lamber o sovaco
( ) Colocar o dedo no toba

Resposta: Lamber o sovaco

O ator e comediante Henrique Pedrotti, famoso ~~por ter participado da peça dos macaquinhos enfiando o dedo no amiguinho~~ Chicungunha, entrou no Desimpedidos como estagiário. Indicado por duas ~~peguetes~~ amigas do Bolívia, se cagou de medo na entrevista com o mascarado. Na prova de conhecimentos sobre futebol, tirou 4 de 10. "Vamos contratar mesmo assim. Ele é ator, de repente vira apresentador", disse pai Bolívia. Não sei se a profecia foi boa ou ruim, mas eis que, em 2017, ele teve a ideia de um programa que mostra as peripécias dos jogadores fora de campo, nas redes sociais. Nasceu o Olha a Picada.

O nome real

Chicungunha é o personagem de Henrique Pedrotti, mas, entre os amigos, ele é conhecido mesmo como Cheiroso.

Como dizer "continua tentando" em boleirês

Uma lista com os melhores pensamentos da semana para você se inspirar ~~na hora de enganar o povo escrevendo um livro de autoajuda~~ e falar a mesma ~~porra~~ coisa por horas, parecendo que é inteligente:

"A vida é um constante recomeço. Não se dê por derrotado e siga adiante. As pedras que hoje atrapalham sua caminhada amanhã enfeitarão a sua estrada."

JÚNIOR, Neymar

"Os problemas significativos que enfrentamos não podem ser resolvidos no mesmo nível de pensamento em que estávamos quando os criamos."

~~CANDIRA~~ **KHEDIRA, Sami**

"O Henrique não pega mulher nenhuma, mas o Chico, sim."

"A verdadeira motivação vem de realização, desenvolvimento pessoal, satisfação no trabalho e reconhecimento."

RONALDO, Cristiano

"Se não puder voar, corra. Se não puder correr, ande. Se não puder andar, rasteje, mas continue em frente de qualquer jeito."

INIESTA, Andrés

"Acredite em si. Engate a mente na sua boa estrela e reconheça que a sua luz interior o conduzirá sempre para cima e para frente."

VAN PERSIE, Robin

"O caminho até o sucesso não é fácil! Você encontrará muitos obstáculos por essa trajetória. Surgirão objeções e críticas de algumas pessoas e você terá que abrir mão de certas coisas. Mas você verá que conquistar o sucesso vale a pena, ser bem-sucedido vale a pena. Por isso, não deixe que barulhos externos atrapalhem sua trajetória, não desvie sua atenção do seu objetivo e de suas metas."

MAICON, ***God of Zaga***

"Lembre-se da sabedoria da água. Ela nunca discute com seus obstáculos. Ela simplesmente os contorna."

MOURA, Léo

"Com poder e confiança, uma pequena pedra tem o mesmo tamanho que uma pedra grande."

ARSHAVIN, Andrey

"Não acredite no medo. Não tenha dúvidas. Seja determinado. Faça algo pela sua felicidade. Agora!"

BECKHAM, David

"O êxito na vida não significa apenas ser bem-sucedido, mas também sobrepor-se aos fracassos."

DANTE, Zagueiro do 7 X 1

"Já experimentou acreditar em você? Tente... Você não faz ideia do que é capaz."

SILVA, Gilberto

PAPAI-CRIS

NO DESIMPEDIDOS CRISTIANO RONALDO

ELE VIROU PAPAI-CRIS

ROBOZÃO CR7

ELE SEMPRE FOI PRESENÇA CONSTANTE NO CANAL POR JOGAR PRA CARALHO E AINDA DAR MOTIVO PARA SER ZUADO. É O CAMPEÃO MUNDIAL DE CITAÇÕES NO DESIMPEDIDOS. O FRED COMEÇOU A FICAR FAMOSO DEPOIS DO VÍDEO "CR7 DA VIDA REAL", QUE TEM MILHÕES DE VISUALIZAÇÕES NO MUNDO INTEIRO E CHEGOU ATÉ O CRAQUE. ALI NASCIA UMA RELAÇÃO DE PAIXÃO QUE RENDERIA UMA NOVELA ~~PORTUGUESA~~ MEXICANA, COM O FINAL MAIS FELIZ POSSÍVEL.

O VÍDEO DESSE ENCONTRO MARAVILHOSO ESTOUROU, GEROU NOTÍCIA NO MUNDO INTEIRO E RENDEU MOMENTOS INESQUECÍVEIS:

- CR7 ASSUMINDO QUE ÀS VEZES OLHA NO ESPELHO E ~~MANDA BEIJINHO~~ SE ACHA FODA, CONTANDO QUE O FILHO ASSISTE AO DESIMPEDIDOS
- BRINCANDO COM OS APELIDOS ROBOZÃO E ROBOZINHO.
- PEDINDO PARA O FRED TER JUÍZO PORQUE ELE FEZ UMA TATUAGEM DO AUTÓGRAFO DELE MESMO COM 28 ANOS E AINDA MANDANDO UM "TAIS FIBRADO, MANÉ!", QUANDO VIU O FREDÃO SEM CAMISA.
- FORA ~~A CENA DO BEIJO QUE TIVEMOS QUE CORTAR~~ O AUTÓGRAFO NA CUECA...

SE VOCÊ TAMBÉM QUISER ~~PAGAR UM MICO DESGRAÇADO E~~ ANDAR COM O AUTÓGRAFO DO CRISTIANO RONALDO NO CORPO, MOSTRE ESTA IMAGEM AO TATUADOR

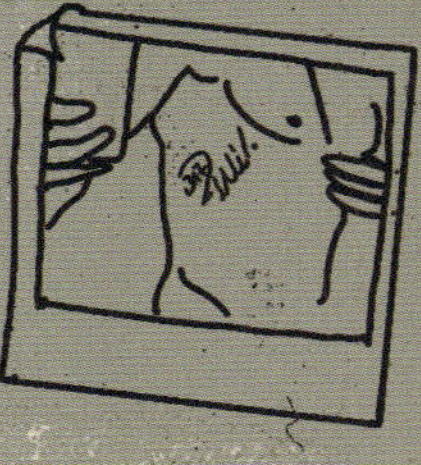

A CARA DO FRED QUANDO...

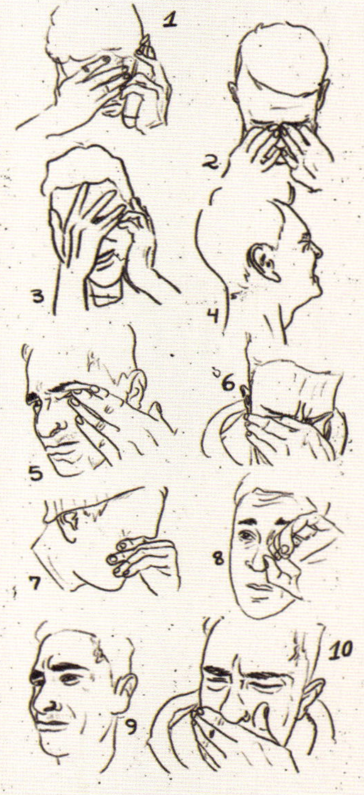

0 ... SOUBE QUE IA CONHECER O CRISTIANO RONALDO.

0 ... CHEGOU AO AEROPORTO PARA PEGAR O VOO PARA CONHECER O CRISTIANO RONALDO.

~~0~~ 1 ... ESTAVA DENTRO DO AVIÃO NA VIAGEM EM QUE CONHECERIA O CRISTIANO RONALDO.

0 ... ACHOU QUE TINHA VISTO O CRISTIANO RONALDO, MAS ERA SÓ UM DUBLÊ ~~(QUE PANACA!)~~.

0 ... VIU O CRISTIANO RONALDO.

0 ... CRISTIANO RONALDO DISSE QUE JÁ TINHA VISTO SEUS VÍDEOS.

0 ... CRISTIANO RONALDO DISSE QUE O FRED JOGAVA MELHOR DO QUE ELE.

0 ... ACABOU NÃO SAINDO NO VÍDEO, MAS NA RESENHA COM O FRED, CRISTIANO RONALDO NÃO DESCARTOU UM DIA JOGAR NO PALMEIRAS.

0 ... ESCREVEU UMA ~~CARTA DE AMOR~~ MENSAGEM DE AGRADECIMENTO AO CRISTIANO RONALDO.

0 ... FEZ A TATUAGEM DO AUTÓGRAFO DO CRISTIANO RONALDO.

QUEM É QUEM ?

Vamos ver se você está ligado no canal e sabe ligar o personagem às histórias.

10 CHICO

8 PAULINHO

9 CREKE

6 ALÊ

7 PEZÃO

5 FRED

3 BOLIVESGO

4 CANELO

2 LUMENA

1 BOLÍVIA

RESPOSTA : 1-J / 2-E / 3-C / 4-I / 5-B / 6-H / 7-G / 8-D / 9-F / 10-A

RH

Mil Grau, Creke, Bolivesgo, Paulinho, Thiago Souza a.k.a. Canelo Jay, Pixulito, Eleven, Jojoca, Lumena... Todo mundo que trabalha na produtora acaba virando personagem do canal.

"Todo mundo que trabalha no Desimpedidos é um pouco doente mental." – Bolivesgo dando a real >>>

Os primeiros apresentadores do canal foram:

a) Bolívia e Mil Grau
b) Kibeloco e Mil Grau
c) Elcio Coronato e Kibeloco
d) Bolívia e Kibeloco

Resposta: c

Verdadeiro ou falso

O Creke:

( ) Já trabalhou em pista de skate de shopping.
( ) Fez testes para entrar na base do Ceilândia e do Sobradinho.
( ) Tem uma bola no lugar certo e outra na barriga.
( ) Já morou em depósito das Lojas Americanas.
( ) Seu nome real é Givanildo.

Resposta: V, F, V, V, F

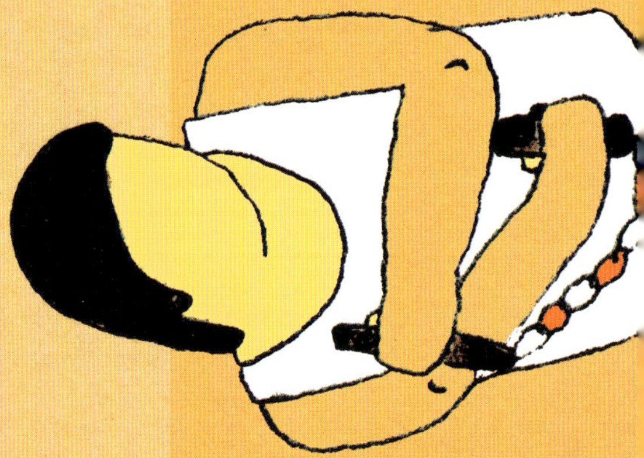

Os Gols da Zueira foram uma criação do Mil Grau, que já fazia vídeos em seu canal sobre o Corinthians. Mas de onde veio a ideia de narrar gols com a voz do Google Translator? O próprio Mil Grau responde: “Eu brincava com meus amigos de mandar palavrões com a voz do Google pelo MSN. Aí, comecei a fazer as narrações em cima de gols de videogame, e daí as coisas foram evoluindo”.

As quebradas do Paulinho

O Paulinho é o rei da quebrada de Osasco. Se liga como ele tá sabendo legal:

- Alpes Suínos
- Victoria Circuit
- Justin Timdelei
- Bruce Livre
- Dinastia Corintiana
- Casa Blanca
- Charles Money

Respostas: Alpes Suíços, Victoria's Secret, Justin Timberlake, Bruce Lee, *Democracia Corintiana*, Casa Branca e Time is Money.

FILMA EU
1
D
DFC
DESIMPEDIDOS
6 MOTIVOS
DA SUPERCOPA DESIMPEDIDOS
SER MELHOR QUE A COPA

SUPER
COPA
DESIMPEDIDOS
CORNETAM JOGADOR, FAZEM MEME ZOANDO TODO MUNDO, BOTAM BANCA DE CRAQUE. MAS NA HORA DE MOSTRAR FUTEBOL, NÃO PASSAM DE UM BANDO DE BANANÃO. O DESIMPEDIDOS CRIOU O PRIMEIRO CAMPEONATO DE FUTEBOL SOCIETY ENTRE YOUTUBERS QUE ACUMULA MILHÕES DE VIEWS: A SUPERCOPA DESIMPEDIDOS. SOBRE A PERFORMANCE DO TIME DO DESIMPEDIDOS... EMERSON SHEIK DIRIA QUE FOI UMA VER-GO-NHA.
1 O BRASIL É ELIMINADO ANTES DE PAGAR MICO NA SEMIFINAL. 2 O PIOR JOGADOR DO BRASIL ABANDONOU O TIME PARA DEFENDER A ALEMANHA. 3 A ITÁLIA JOGA COMO ITÁLIA E É VICE-CAMPEÃ SÓ VENCENDO UM DOS CINCO JOGOS QUE FEZ. 4 AS MINAS JOGAM MAIS QUE OS CARAS. 5 TEM GOL DE FRALDA. 6 TEM PANTERO NO GOL.

PRÊMIO EM DOSE

VUUSH

A SUPERCOPA DESIMPEDIDOS

TEVE A PRESENÇA DE UM CAMPEÃO DO MUNDO. NÃO, NÃO FOI NENHUM JOGADOR DO PALMEIRAS PORQUE... DEIXA QUIETO. FOI O WENDELL LIRA, VENCEDOR DO PRÊMIO PUSKÁS DE GOL MAIS BONITO DO MUNDO EM 2015. O EX-JOGADOR, AGORA YOUTUBER (CHORA BOLÍVIA), VIU DE PERTO O SURGIMENTO DE SEU HERDEIRO. UM MOMENTO DE BRILHANTISMO, UM LANCE DE INSPIRAÇÃO, UMA JOGADA ÉPICA: CAIO, DO BANHEIRISTAS, FEZ O GOL DE FRALDA, EMPATANDO O JOGO CONTRA A INGLATERRA NOS ÚLTIMOS SEGUNDOS E ABRINDO O CAMINHO PARA A ITÁLIA CHEGAR À FINAL.

TRAIDOR DA PORRA TODA

O MIL GRAU SE COMPROMETEU A DEFENDER O BRASIL/DESIMPEDIDOS, MAS FICOU com FRESCURA DEPOIS QUE VIU QUE VESTIRÍAMOS VERDE E FOI JOGAR COM A ALEMANHA. SE FERROU assim mesmo.

PUSKÁS

DUPLA

PÚBLICO

os seguidores dos youtubers participantes SOMARAM

89 MILHÕES

de pessoas. É mais gente que a população de países como alemanha, frança, inglaterra, itália, colômbia, espanha, argentina, holanda, chile, coreia do sul, canadá, austrália, irã e turquia.

7x1 FOI POUCO

Se você acha que o time do Felipão e o do David Luiz ENVERGONHOU a camisa da seleção diante da torcida, é porque não viu o que o DESIMPEDIDOS fez representando o Brasil. Ficou na última posição da SUPERCOPA, com três derrotas em três jogos e nenhum gol marcado. Isso que dá pegar o CRAQUE DO TIME e fazê-lo ficar treinando chute no travessão. FUTEBOL É BOLA NA REDE!

Raio X

QUANDO A SUPERCOPA DESIMPEDIDOS SE TORNAR O MAIOR EVENTO ESPORTIVO DO PLANETA, VOCÊ VAI QUERER DIZER QUE GOSTAVA DELA ANTES DE VIRAR MODINHA. ENTÃO, VEJA TUDO O QUE ROLOU PRA BOTAR BANCA DE QUEM MANJA TUDO, DESDE A PRIMEIRA EDIÇÃO DO TORNEIO:

argentina

LEON (FUTPARÓDIAS), PORTUGA PC (PORTUGA PC), ROSSINI (VOSSO CANAL), JUNINHO (VOSSO CANAL), BECCA PIRES (BECCA PIRES), DEZÃO (FUTPARÓDIAS), MICHEL (MS2), MUCA MURIÇOCA (MUCA MURIÇOCA), JOÃO PICA SECA (MMMV), LEO PICON (LEO PICON) E JOÃO TAVARES (JOÃO TAVARES).

BRASIL

PEZÃO (DESIMPEDIDOS); CANELO (DESIMPEDIDOS), BOLIVESGO (DESIMPEDIDOS), ALVARINHO (CANALVARINHO), PAULINHO (DESIMPEDIDOS), ALÊ (DESIMPEDIDOS), FREAKI FABI (FREAKI SHOW), BOLÍVIA (DESIMPEDIDOS), CHICO (DESIMPEDIDOS), ELEVEN (DESIMPEDIDOS) E FRED (DESIMPEDIDOS).

Final

RÚSSIA 4 X

GRUPO A

- ESPANHA 0 X 2 ARGENTINA
- BRASIL 0 X 1 HOLANDA
- ARGENTINA 1 X 0 BRASIL
- HOLANDA 2 X 4 ESPANHA
- ARGENTINA 4 X 1 HOLANDA
- BRASIL 0 X 2 ESPANHA

CLASSIFICAÇÃO POR PONTOS: ARGENTINA, 9; ESPANHA, 6; HOLANDA, 3; BRASIL, 0.

ITÁLIA

LUCIANO AMARAL (OMELETE), ARUAN FELIX (ARUAN FELIX), VITOR (BANHEIRISTAS), CAIO (BANHEIRISTAS), THIAGO (OMELETE), HESSEL (OMELETE), MAURO NAKADA (MAURO NAKADA), TERROR (TERROR BIONIC), COELHO (MATEI FORMIGA), PAI TROLL (PAI TROLL) E JÚLIO COCIELO (CANALCANALHA).

espanha

THITO (UMDOIS), LÉO MACONHA (UMDOIS), LUCAS (BRAZIL KICKERS), MITUO (UMDOIS), VIRJÃO (CANAL CRUZOEIRO), WALLACE (FREESTYLE TV), DIIGO (FREESTYLE TV), RENATO (NERD SHOW), MORENO (REACT BRASIL), IGÃO (IGÃO UNDERGROUND), RAQUEL (RAQUEL FREESTYLE) E RENAN (4FITCLUB).

ALEMANHA

LEO USUI (F4L), RAFA SOUTO (F4L), FELIPE PALERMO (F4L), NATHALIA ARCURI (ME POUPE), GERSON (ACELERADOS), CASSIO (ACELERADOS), RODRIGO (ACELERADOS), BARCIO (INSANOS), LUCIANO CHUQUER (SPFC TV), RUDY (CANAL DO RUDY), MÍTICO JOVEM (MÍTICO JOVEM), MIL GRAU (CORINTHIANS MIL GRAU) E CAUÊ MOURA (CAUÊ MOURA).

INGLATERRA

BRUNO SUTTER (HERMES E RENATO), JOSELITO (HERMES E RENATO), FRANCO FRANTI (HERMES E RENATO), FELIPE CASTANHARI (NOSTALGIA), CHIQUITO BRUNO (CHUÁ), BRUNO (GOL CONTRA), ZANI (GOL CONTRA), PEDRO (GOL CONTRA), PÉPE (FUTIRINHAS) E EDUARDO (FUTIRINHAS).

HOLANDA

BROGUI (ANA MARIA BROGUI), PYONG LEE (PYONG LEE), WENDELL LIRA (WLPSKS), DANEE SJAVE (DANEE SUAVE), GAMBITS (LINHA BURRA), ANGELO (LINHA BURRA), ARIDA (LINHA BURRA), LUCCA (LINHA BURRA), RODRIGO PIOLOGO (IRMÃOS PIOLOGO), RICARDO PIOLOGO (IRMÃOS PIOLOGO), PATIFE (PATIFE) E RODRIGOL FC (RODRIGOL FC).

1 ITÁLIA

GRUPO B

ALEMANHA 0 X 1 ITÁLIA
INGLATERRA 1 X 2 RÚSSIA
ALEMANHA 0 X 2 INGLATERRA
ITÁLIA 0 X 2 RÚSSIA
RÚSSIA 1 X 1 ALEMANHA (1 X 0 NO SHOOTOUT)
ITÁLIA 2 X 2 INGLATERRA (2 X 1 NO SHOOTOUT)

CLASSIFICAÇÃO POR PONTOS:
RÚSSIA, 8; ITÁLIA, 5; INGLATERRA, 4; ALEMANHA, 1.

SEMIFINAIS

argentina 0 x 0 ITÁLIA
(1 x 2 NOS PÊNALTIS)

ESPANHA 0 x 0 RÚSSIA
(1 x 3 NOS PÊNALTIS)

RÚSSIA

PANTERO (FATALITY), LUCAS INUTILISMO (INUTILISMO), DIEGO (GINGASTREET), LUÍS (GINGASTREET), NAYARA (DIBRADORAS), ANGÉLICA (DIBRADORAS), TISTOCO (FATALITY), DIDA (FUTEBOL DE RUA HD), RENAN (FUTEBOL DE RUA HD), VINI (FUTEBOL DE RUA HD), FELPS (QUE JOGADA) E PHIL (QUE JOGADA).

TELEVISÃO

O Desimpedidos é internet na veia, mas já brincou de fazer programa de TV. Rolou uma temporada de três meses no canal Fox Sports, com quadros como "Fred+5", "De costas pro Bolívia", "Tipos de jogadores" e "Rachão Fred X Bolívia" ~~e teria vários outros, mas eram ruins demais e não deixaram passar porque TV é coisa séria, não é a várzea do YouTube~~!

COM O BOLÍVIA NO CANGOTE!

Algumas das melhores declarações do "De costas pro Bolívia":

"Se eu tivesse lembrado, tinha mandado um 'Chupa, Messi!'."
Wendell Lira, sobre o discurso no Prêmio Puskás

"No futebol não se pode dizer 'não'. Seria muita hipocrisia da minha parte dizer que nunca jogaria no Palmeiras."
Lucas Lima, em uma declaração que podemos afirmar que foi VERDADEIRA

"Se no futebol de campo bastasse matar um leão por dia, eu tinha matado só um e estava no futebol até hoje."
Falcão

"O bom do time de 98 era eu. Os caras jogavam noventa minutos e não resolviam, eu entrava e resolvia em cinco. Quem era o bom?"
Dinei

"Não falei que ele faz corpo mole e é chinelinho, mas que ele é um bosta, é."
Marcos Assunção, sobre Valdivia

"Quando o Marcelinho ia bater falta e me via no gol, pensava: 'Ih, fodeu!'."
Velloso

6 X 5

Preservando a tradição dos Jogos Olímpicos da Zueira e da atenção da Anitta, o Fred manteve sua freguesia com o Bolívia e perdeu também no retrospecto final do Rachão.

EM TODOS OS CANAIS

O programa do Desimpedidos na Fox Sports durou só uma temporada, mas a galera continuou ~~salvando a audiência~~ sendo convidada por várias emissoras para participações especiais.

U

UEFA CHAMPIONS LEAGUE

SINAL DOS TEMPOS. EM 2015, A COMITIVA DO DESIMPEDIDOS DEPENDEU DE UM INGRESSO ~~MANDRAKE~~ ARRANJADO PELO KIBELOCO PARA O BOLÍVIA, E A JOJOCA FEZ A COBERTURA DE UM ~~BOTECO METIDO A BESTA~~ PUB ~~E ENCHEU A CARA COM OS GRINGOS~~. DOIS ANOS DEPOIS, BOLIVÃO E FREDÃO CHEGARAM BOTANDO BANCA DE BACANA ~~COM TAPETE VERMELHO, VOO DE PRIMEIRA CLASSE, SUÍTE PRESIDENCIAL E ASSISTENTES PARTICULARES RUSSAS~~. NESSE RITMO, EM 2020 VAMOS APITAR O JOGO.

RÉGIS RÖSING LADO B

BOLIVÃO QUIS ~~IMITAR O RÉGIS RÖSING~~ DAR UMA DE PROFETA E GRAVAR UM VÍDEO DURANTE O LANCE FINAL DE BARCELONA X JUVENTUS NA FINAL DA CHAMPIONS DE 2015. OU ERA O GOL DE EMPATE DOS ITALIANOS, OU ERA CHANCE DESPERDIÇADA E FIM DE JOGO. NO FIM, SAIU UM CONTRA--ATAQUE E O NEYMAR FEZ O GOL DECISIVO DOS CATALÃES. O VÍDEO SERIA FODA, MAS NA CÂMERA DE SELFIE DO CELULAR ~~QUE O TIOZÃO IMBECIL DO BOLÍVIA USOU~~ FICOU UMA BOSTA.

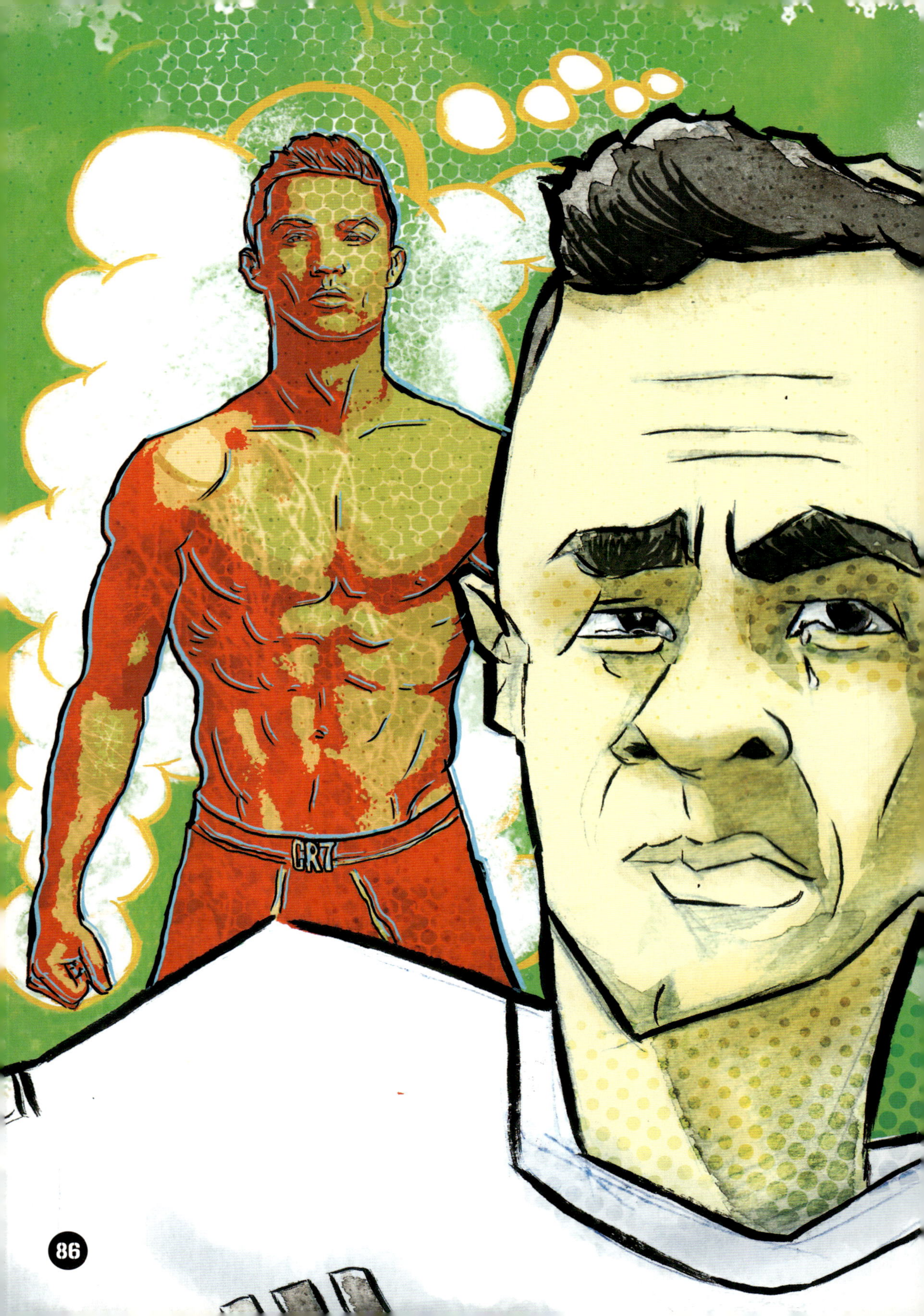
CR7

"Eu choro porque só Deus e minha família sabem o que eu passei para estar aqui."

Fred usando o mesmo lero-lero dos jogadores ~~só porque~~ quando viu uma final da Champions

BOLÍVIA ZICA OU MICK JAGGER?

O FUTURO DIRÁ. O EDITOR BOLIVIANO JÁ COBRIU TRÊS FINAIS DA CHAMPIONS. TORCEU PELA JUVENTUS CONTRA O BARCELONA EM 2015, PELO ATLÉTICO DE MADRID CONTRA O REAL MADRID EM 2016 E PELA JUVENTUS CONTRA O REAL MADRID EM 2017 ~~SE FODEU~~. PERDEU TODAS.

O BRONZEADO DO CR7

O FREDÃO ATÉ CHOROU NA HORA DO HINO (CHAAAAAAMPIOOOOONS!) EM SUA PRIMEIRA FINAL DE LIGA DOS CAMPEÕES, MAS O QUE REALMENTE O MARCOU FOI VER CRISTIANO RONALDO AO VIVO. E NÃO FOI NEM O FUTEBOL QUE IMPRESSIONOU, MAS O BRONZEADO. O ROBOZÃO ESTAVA LARANJA. FRED FICOU OBCECADO E, DEPOIS DO JOGO, QUIS VER MAIS DE PERTO ~~SÓ PARA PERGUNTAR SE ELE FAZIA BRONZEAMENTO ARTIFICIAL~~ E CORREU ATÉ O PONTO DA ARQUIBANCADA MAIS PRÓXIMO DO CAMPO.

VIAGENS

O DESIMPEDIDOS JÁ DEU UNS ROLÊS POR ESSE MUNDÃO DE MEU DEUS, E FAZER COBERTURAS INTERNACIONAIS TOPPEN SE TORNOU UMA TRADIÇÃO DO CANAL. MAS NEM TUDO SÃO ROSAS NAS VIAGENS. DE VEZ EM QUANDO, ROLA UNS MOMENTOS TENSOS.

Onde o Desimpedidos fincou sua bandeira (já pensou besteira, né?)

- ✔ Barcelona
- ✔ Berlim
- ✔ Buenos Aires
- ✔ Cardiff
- ✔ Chicago
- ✔ Liverpool
- ✔ Londres
- ✔ Istambul
- ✔ Madri
- ✔ Manchester
- ✔ Milão
- ✔ Mônaco
- ✔ Montevidéu
- ✔ Moscou
- ✔ Nova York
- ✔ Orlando
- ✔ Paris
- ✔ São Petersburgo
- ✔ Santiago

VIAGENS (e tretas)

A GRANDE GALERIA DOS PERRENGUES DO DESIMPEDIDOS

A bendita credencial!

- Na primeira viagem do canal, para dois amistosos da Seleção em Londres e Paris, Mil Grau e Bolívia brincaram com o fato de terem conseguido a credencial. "Se a gente conseguiu, qualquer um consegue." A assessoria da CBF tomou a credencial na hora.

- Por causa disso, o Bolívia ficou tão estressado que teve uma crise de ansiedade de madrugada e foi levado a um hospital de Paris com taquicardia. Ele achava que tava tendo um enfarte. Será que não tava mesmo?

- No final, tomou calmante e, na volta ao hotel, ficou de camiseta caminhando chapado pelas ruas de Paris num frio da porra, acompanhando um romântico nascer do sol ao lado do Mil Grau.

- Em Curitiba, uma multidão de fãs congestionou a entrada do hotel em que estava a equipe do canal. A coisa começou a ficar preocupante, e a gerência pediu para o Fred dar uma de Michael Jackson e ir para a varanda ~~ameaçar jogar um bebê lá do alto~~ acenar e acalmar a galera.

- Em Londres, policiais interromperam uma gravação na ponte ao lado do Big Ben. A máscara do Bolívia levantou suspeitas de terrorismo. Foi um enquadro sinistro, vários policiais checando o passaporte de toda a equipe, com todo mundo parando para olhar. Depois de tudo esclarecido, o policial já estava batendo uma bola com o Fred na rua. É sério.

- Alê e Chico foram gravar algumas cenas na Praça Vermelha de Moscou. Em um certo momento, largaram as mochilas em um canto e saíram. Acabaram tomando uns esporros ~~do Vladimir Putin~~ de policiais por criarem uma ameaça de bomba.

WENDEUS
LIRA
Você está ~~jogando videogame o dia todo~~ trabalhando na lanchonete da mãe enquanto procura um time. Até que a Fifa se lembra de um gol pika que você fez pela primeira fase do Campeonato Goiano e o indica como um dos mais bonitos do ano. A dona Fifa ~~faz a cagada e~~ o elege como um dos finalistas e abre a votação popular na internet.
A CAMPANHA CRESCE
O Desimpedidos se junta ao Não Salvo e junta a campanha pra geral faz a campanha pra geral faz a o dedo no voto,
O COMEÇO DA ZUEIRA
É TRETA É TRETA
VOCÊ DISSE GOLAÇO?

7%
2015
Essa é a porcentagem de votos que Wendell Lira receberia, de acordo com a estimativa do Cid Não Salvo. Ele menosprezou o potencial da zueira: o mito goiano levou 46,7% dos votos. Messi teve 33,3%.
CHUPA, ARGENTINA!
O RECONHECIMENTO NO BRASIL E NO MUNDO.
FIFA BALLON
The New York Times
Best Goal: It's the Fans' Choice
2015
BRAZILIANS, WITH THEIR LOVE FOR SOCCER AND FOR IMPROVISATION, ENSURED THEIR COUNTRYMAN RECEIVED RECOGNITION. TWO SOCIAL WEBSITES, NÃO SALVO AND DESIMPEDIDOS, ENCOURAGED THEIR SUBSCRIBERS TO VOTE FOR WENDELL.
A ZUEIRA NÃO PAROU NO DISCURSO DE VITÓRIA, CLARO
@desimpedidos
WENDELL LIRA TEM MUNDIAL E O PALMEIRAS NÃO.

A IDENTIDADE X

A polícia recebeu a denúncia:
o carro de Kaká foi roubado.

O responsável era conhecido:
o apresentador Bolívia.

As investigações buscaram descobrir a verdadeira identidade do meliante. A população também ajudou com investigações paralelas em um caso que ganhou a mídia. Surgiram várias teorias e até vídeos no YouTube, mas nada foi confirmado. Cada um acredita no que quiser.

O CRIME

O veículo de Ricardo Izecson dos Santos Leite, atleta profissional conhecido como Kaká, foi roubado. O suspeito usa máscara branca, óculos escuros e gorro, fala com sotaque espanhol ~~fajuto~~ e é conhecido no meio do crime como Zica. Sua identidade real é desconhecida. Durante a operação, será chamado de Señor X.

Vítima?

Está escondendo alguma coisa?

A IDENTIDADE DO SEÑOR X

SUSPEITO

O que é? O que come? Onde vive?

* Nome verdadeiro: Murilo.
* Formado em jornalismo em 1999, foi estagiário de jornal, assessor de imprensa, redator publicitário e de revistas de esportes e repórter de portal de notícias.
* Contratado no Desimpedidos por Felipe Andreoli.
* Torce pelo Bolívar.
* Já esteve na Turquia.
* Não tem rosto desde que um líquido misterioso caiu em sua cara.
* Já foi abordado por autoridades britânicas por suspeita de terrorismo.

Tem dificuldade em se consolidar em empregos. Entrada no mundo do crime pode ser por necessidade financeira.

Verificar com autoridades turcas a relação de bolivianos que visitaram o país.

Desistir da busca por retratos falados.

1) Buscar conexões com organizações terroristas.
2) Por que o deixaram escapar? Possível ajuda interna?

Cúmplice?

Líder da quadrilha?

PERFIL PSICOLÓGICO DO SEÑOR X

* Brincava de apresentar programas de futebol. Aos 15 anos, era idêntico ao Wesley Safadão.

Infância normal, que pode ter sido afetada por um grande trauma.

* Ia escondido assistir ao jogo no estádio. Ficava pedindo dinheiro para comprar o ingresso. Dizia ao pai que ia jogar futebol de botão com os amigos.

Rejeição a figuras de autoridade e dificuldade em seguir regras.

* Tem paixão por Penélope Cruz.

Informção irrelevante. Todo mundo tem.

* Gosta de filme de vampiros.

Possível ligação com forças ocultas e magia negra.

* Gosta de Motörhead, Slayer e Sepultura.

Nota usar sertanejo para causar desconforto e arrancar informações importantes durante o depoimento.

A ALEGAÇÃO

Estava fumando na frente da sede do Desimpedidos quando um cara importante apareceu pedindo para manobrar seu carro. Ele afirma que aceitou, mas aproveitou para fazer um corre. No meio do caminho surgiu um problema que se estendeu por alguns dias. Ele e o carro nunca mais voltaram. Depois inventaram uma história e o chefe ficou bravo.

FUROS NO DEPOIMENTO

* Por que prestou um depoimento em vídeo, em vez de se apresentar à polícia?
* Por que não apresentou um álibi?
* Qual foi o tal problema que surgiu?
* Por que não deu satisfação?

COMO SURGIU O BOLÍVIA?

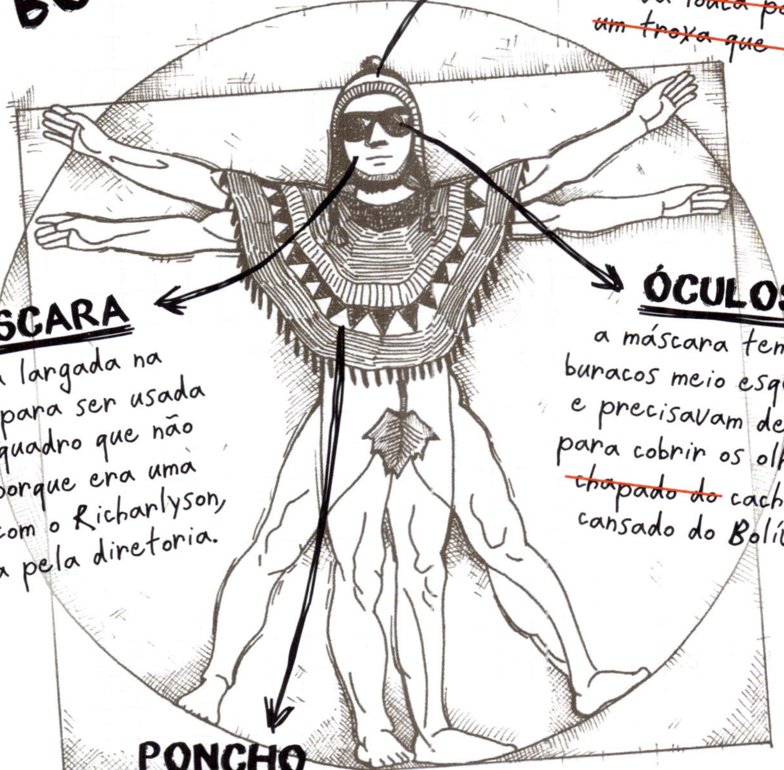

GORRO

a Jojoca tinha comprado em uma viagem à Bolívia. ~~Deixou largado em casa e estava louca para achar um troxa que levasse.~~

MÁSCARA

estava largada na redação para ser usada em um quadro que não rolou porque era uma zueira com o Richarlyson, vetada pela diretoria.

ÓCULOS

a máscara tem uns buracos meio esquisitos e precisavam de algo para cobrir os olhos de ~~chapado do~~ cachorro cansado do Bolívia.

PONCHO

também estava ~~ocupando espaço~~ na casa da Jojoca, que ~~quis se livrar daquele lixo e~~ o ofereceu para o figurino. O Bolívia o largou porque era quente demais.

DIDICÃO, O VIRA-LATA FALADOR

O Bolivão achou um cachorro sarnento na rua, resolveu adotá-lo e tudo ia bem até o cão comer alguma parada esquisita e começar a falar. Virou até apresentador do Desimpedidos News, boletim diário do canal. Dizem que quem está por trás deste lindo animal é ~~o Canelo~~ aquele menino das redes sociais, moreno, bem magrinho e um pouco mal-humorado.

YOUTUBERS

SENTE SÓ O ELENCO DE YOUTUBERS QUE JÁ DERAM AS CARAS NO DESIMPEDIDOS!

Em pé: Casey Neistat (Casey Neistat); Júlio Cocielo (CanalCanalha); Felipe Castanhari (Nostalgia); Pantera (Fatality) ~~Pô, pegar canal da produtora é meio apelão~~; Jimmy Conrad (Copa 90); e Whindersson (Whindersson Nunes).

Agachados: Renan (4fitclub); Cauê Moura (Cauê Moura); Igão (Igão Underground); Lucas (Inutilismo); e Raquel (Raquel Freestyle).*

*** E mais toda a galera da Supercopa Desimpedidos!**

TODA DERROTA SERÁ CASTIGADA

Acha que os vários confrontos entre Desimpedidos X Youtubers são só amistosos? PORRA NENHUMA! É pior que Boca X River, que Real Madrid X Barcelona. Após uma vitória do Desimpedidos em 2015, os youtubers tiveram de pagar CASTIGO depois de tomar de 5 X 3. Cafu, que deu uma forcinha pra gente (e levou esporro do Fred durante o jogo), foi o responsável por dar TIROS DE PAINTBALL no time perdedor. Mas o capitão do penta ~~ficou doidão~~ se empolgou e, em vez de atirar de longe, saiu correndo e foi para o fuzilamento à queima-roupa. Alguns youtubers não gostaram ~~como se a gente se preocupasse com o sentimento deles~~ e o clima ficou estranho.

ZUEIRA

O LIVRO JÁ ESTÁ ACABANDO, MAS A ZUEIRA... BEM... ESSA NÃO VAI ACABAR NUNCA!

LIGUE OS PONTOS E DESCUBRA QUAL ZUEIRA PERTENCE A CADA TIME.

PAULO BAIER DE MUNIQUE

TRICOLOR RUMO A SEGUNDONA

SPORT

CHAPECOENSE

AMIGOS DA SÉRIE C

DONO DO ESTÁDIO DO CORINTHIANS

ZICA DO SUTIÃ

SEM TÍTULOS, SEM VAGAS

SÃO PAULO

VICE DO MAZEMBE

ATLÉTICO PARANAENSE
ATLÉTICO MINEIRO
DONO DO ESTÁDIO DO PALMEIRAS
CRICIÚMA
QUASE UM PALMEIRAS, SÓ QUE MAIOR
VICE DO RAJA
FLUMINENSE
BRAGANTINO COM SORTE
MAIOR VERDÃO DO BRASIL
FIGUEIRENSE
INTERNACIONAL
CORINTHIANS
GRÊMIO
GOIÁS

adidas
adidas